清如许

名著深度阅读的研究与实践

主　编　钟宪涛　雷丽丽

副主编　胡　晶　史　欣

编　委　赵月辉　郭　鹏　李海鹏　王丹丹　程　颖

　　　　赵丽丽　王惠新　姜　霞　王静静　郝　欣

　　　　管　华　刘　珊　黄亚飞　臧晶晶　魏金星

中国海洋大学出版社

·青岛·

图书在版编目（CIP）数据

清如许：名著深度阅读的研究与实践／钟宪涛，
雷丽丽主编．—青岛：中国海洋大学出版社，2023.5
ISBN 978-7-5670-3386-3

Ⅰ．①清… Ⅱ．①钟… ②雷… Ⅲ．①阅读课—
教学研究—中学 Ⅳ．① G633.332

中国版本图书馆 CIP 数据核字（2022）第 258627 号

QINGRUXU：MINGZHU SHENDU YUEDU DE YANJIU YU SHIJIAN

出版发行	中国海洋大学出版社			
社　　址	青岛市香港东路23号	**邮政编码**	266071	
网　　址	http://pub.ouc.edu.cn			
出 版 人	刘文菁			
责任编辑	矫恒鹏	**电　　话**	0532-85902349	
电子信箱	2586345806@qq.com			
印　　制	日照报业印刷有限公司			
版　　次	2023年5月第1版			
印　　次	2023年5月第1次印刷			
成品尺寸	170 mm × 240 mm			
印　　张	14.75			
字　　数	230千			
印　　数	1—1000			
定　　价	68.00元			
订购电话	0532-82032573（传真）			

发现印装质量问题，请致电0633-8221365，由印刷厂负责调换。

前言

好书如水　清景无限

读着工作室和实验校伙伴们的整本书阅读设计，欣赏着孩子们的阅读成果，好几次我都陷入无限感动中。是回忆，是憧憬，是回味，是思考，迷茫与清晰交织，美好与想象交替。最后定格在"清如许"的特写镜头里：春日融融，燕子呢喃，春风十里，桃红柳绿。那路，是一篇篇写满文字的经典铺开来的，脚下是思考，是智慧，是体悟，是阅读中的喜怒哀乐，更是生活中的点点滴滴……

清——清静，不浮躁，始终如一，专注于整本书阅读研究与实践。一路走来，有嘈杂，有羁绊，有迷茫，有困惑，有快乐，有喜悦。但无论如何，我们始终相信阅读的力量、文字的能量。我们一直怀揣初心：融合课堂内外，减负增效；活动助力阅读，拓展提升；思辨明晰方向，培根铸魂。我们将守着这份初心，将阅读之路延伸到远方，去欣赏至美至清的景色。

清——清明，有梦想，相信团队，一群志同道合的人会走得更远。"伙伴"一词，在我们整本书阅读研究团队中得到了最好的诠释——默契、和谐与互助。我们根据分工书目，选择阅读策略，建构阅读支架，设计阅读活动，在实践、反思、再实践中成长、收获。在这样的团队里，大家成为生活中的朋友、彼此的引领者、成长的欣赏者、前进的合作者。

清——清朗，知使命，放眼未来，阅读的高度决定精神的高度。阅读是一条通向幸福的重要通道，每一个生命都是一粒神奇的种子，蕴藏着神秘与美好，而阅读则能给予种子以滋养，唤醒其神奇的伟力。我们要做生命的唤醒人，徜徉在人类精神文明的长廊中，叩问心灵，感悟世界，塑造未来。做点燃孩子们心灯的人，铺就一条通往清朗的精神之路。

"问渠那得清如许？为有源头活水来"，聊阅读，阅读就在痴迷者的心窝里。我们躬耕于课堂，谈笑于书册，践行于生活。我们一起笑迎春水生，喜看活水来，乐在香致远，更待气自华……

《清如许》如许青，我们的研究实践还像一棵幼苗，受我们学识所限，其中错误在所难免，恳请大家不吝赐教！最后，感谢在我们成长之路上给予我们帮助的良师益友，感谢所有使《清如许》集印成册的朋友们，请接受我们最诚挚的敬意！

钟宪涛

2022年12月8日

目录

第一章 春水生

整本书阅读的研究之旅

名著深度阅读的研究之旅

青岛三十四中　钟宪涛

一、研究缘起与意义

语文新课程标准中明确指出，七到九年级的学生应该"学会制订自己的阅读计划，广泛阅读各种类型的读物，课外阅读量不少于260万字，每学年阅读两三部名著"，同时还要求学生读整本书。因此读整本书成为当前语文教育界的重要话题之一。但是当前名著阅读的现状不容乐观，有的缺乏规划，目标不明，自由散漫，阅读指导流于形式，缺乏实效；有的比较肤浅，仅仅停留在检查进度或兴趣导读上；还有的甚至变相为纯应试阅读，教师采用灌输式阅读指导，为学生提供的是缩水的快餐式阅读，忽视了学生的主体性，导致学生被动阅读名著。自2014年起，团队开展了名著深度阅读的实践研究，力图解决以下主要问题：

（1）明确深度阅读目标，整合阅读内容，解决名著阅读缺乏兴趣问题。

（2）优化名著深度阅读策略，探索名著深度阅读实施路径，解决碎片化、肤浅化阅读问题。

（3）开发名著阅读课程资源，建立健全评价体系，解决名著阅读低效问题。

二、研究思路及方法

（一）三种文化引领方向，深度阅读浸润心灵

文化引领，塑造未来。青少年正处于身心发展的重要阶段，在这个时期他们还没有形成自己的人生观、价值观和世界观。他们对客观世界的判断还更多地依赖感性，可塑性非常强。优秀作品往往能够塑造人格，陶冶情操，锤炼意志。教师立足学生学情特点，以名著阅读为载体，以中华优秀传统文

化、革命文化和社会主义先进文化三种文化为引领，厚植爱国主义情感，增进文化认同，坚定文化自信，铸牢中华民族共同体意识。

多维理解，认识文化。 以三种文化为精神指引，凝练整本书育人功能。阅读其中，明晰情节、形象、主题；思考其外，探究人物命运缘由；横向比较，审视相似作品异同；纵向贯通，明辨相关评价是非。在多维阅读中，促进学生思维发展，提升学生整体把握、理解作品的能力，增进对三种文化的认识和理解，使其能够比较全面、深入地认识社会、认识世界，形成正确的世界观、人生观、价值观，落实立德树人根本任务。

（二）多维环境联结助力，创设深度阅读生态

书香校园，全科阅读。 创意张贴书香标语，打造读书长廊，构建清新的书香环境。加强图书馆、阅览室建设，提高图书质量，不断拓宽图书借阅空间。教学楼大厅设立阅读机、墨水瓶阅读器，在校园中打造随处可以取阅图书的环境，为师生多读书、读好书提供更便捷、更优质的服务保障。建设班级图书角，落实阅读课堂，保证阅读时间，营造班级阅读氛围，形成班级多元读书文化。

全体教师（语文、数学、英语、音乐、体育、美术等学科教师）参与指导全科阅读活动。阅读内容涉及历史故事、百科知识、天文、地理，等等；阅读形式涉及纸质阅读、视听阅读。学生每天30分钟晨诵，30分钟晚读，每周每学科至少有1节阅读交流课。全学科阅读逐步打破学科壁垒、尝试跨学科整合的界限，深度拓展认知边界，推动学科素养和学生素养升级。

亲子共读，家校联动。 孩子阅读需要父母长期陪伴，因此我们开展亲子共读家校共育活动，推进亲子阅读，建立书香家庭。指导家长选择好书，培训家长亲子阅读技巧，提倡家家参与，鼓励家庭建立"亲子小书房"。创建"亲子共读单"，开展亲子共读交流活动，搭建互动平台，引导家长养成良好阅读习惯，营造浓郁家庭读书氛围，营造名著阅读"外环境"，助力深度阅读。

（三）多措并举构建路径，思辨融合走向深度

循序渐进，熟读精思。 阅读作品按照由浅入深，由易到难，循序渐进的顺序推荐作品阅读。七年级学生思考问题多处于直观和感性阶段，这个阶段的阅读紧扣故事情节，以打开学生阅读兴趣的大门。八年级学生由感性思维迈向理性思维阶段，更注重发现问题、分析问题，这个阶段的阅读目标是拓宽学生知识的广度和深度。九年级学生进入理性思维阶段，这个阶段的阅读目标是让学生能放眼世界，用时代的眼光去衡量，把经典内化为自己的经典。在阅读方法上，教师把握教材编写意图，锁定单元主题，明确"一书一法"；引导学生运用精读、略读、浏览等方法阅读名著，拓展阅读视野；训练学生通过圈画、批注等方法理解名著中的语言、形象、情感、主题；指导学生摘抄富有表现力的词语、精彩段落、经典名句，丰富语言积累。

主题引领，议题推进。整本书的主题是多元的，在学生认知与接受水水的基础上，教师围绕其中一个"人文性"的主题展开抛锚式阅读，实现初中名著阅读课程化育人功能。教师确立体现作品核心内涵的主题，要难易适中，在实施中以主题为统领，设置"结构性议题"，为学生的"发现"与"思考"提供阅读支架。教师通过充分研究学情，研究学生现实和未来的需要，研究初中名著阅读的特质，找到最佳切入点，利用最近发展区理论，采用支架教学促进学生实现有意义建构。"主题引领，议题推进，活动助推"（图1）有利于培养学生逻辑思维，拓展学生阅读空间。在阅读中，学生从书里到书外，从读到写，思读结合，走向思辨阅读。

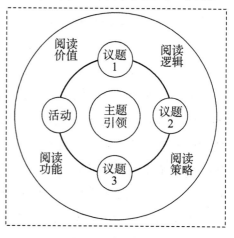

图1　阅读框架图

融合课内，探究课外。一是主题融合，挖掘名著阅读主题，链接单元主题，二者形成共同的主题场域，为后续阅读场域转换对话做铺垫。二是与写作融合，以教材单元写作重点为目标，以名著具体内容为写作训练素材，在名著阅读中实现读写转换，以读促写。三是与阅读融合，将教材单元的阅读能力提升点纳入特定名著阅读中，使名著阅读成为单元教学的延伸。

在课内，通过与教材单元主题、写作、阅读方法融合，名著阅读成为教材重要组成部分，二者从原有割据状态，走向统一融合，保证读思评一体化，解决名著阅读收效周期长的问题。在课外，教师聚焦名著探究性阅读，保证了名著阅读与单篇、群文阅读不同的价值实现。

问题驱动，深度探究。好的问题会成为名著阅读的引擎，驱动学生走向作品纵深处。问题的提出要注意三个导向：一是思辨导向。思辨性问题以其角度多元、思考深刻、动力十足的特点往往能辐射广泛的章节，串联丰富的问题，引发多维思考，产生激烈的思想碰撞。二是角色导向。情境认知理论认为知识是蕴含于情境之中的，学习的设计要以学习者为主体，通过参与实践促成学习和理解。在作品阅读中，我们可以设计类似"如果你是……你会……"的模拟问题。三是链接导向。名著由于语言场景宽广，文化现象丰富，人物关系错综，容易使读者迷失自我，丧失独立判断，可通过链接性驱动问题，引领读者跳出名著看名著，从而对作品做出更加客观地评价。

（四）多彩活动各美其美，深度阅读百花齐放

群体化阅读活动。群体化阅读主要指班级在规定时间内共读一本书阅读形式，该形式能够形成师生、生生、亲子、共读、共谈、共写一本书局面，营造了一个强大的读书场。在这个阅读场中，书中情节、人物命运走向、人物形象的价值导向成为大家共同讨论的话题。教师可据此设计辩论、主题探究、跨学科阅读等群体化阅读活动。如读《西游记》时，可设计"孙悟空在大闹天宫中所向无敌，可在西天取经路上，谁也打不过"的讨论话题，以此展开辩论研究。书中情节之外的人文、地理、宗教等知识，也是同学们课上课下争相讨论的话题。群体阅读这种巨大的场效应，对个体的阅读体验、与外部世界的交流都有积极的影响。

立体化阅读活动。为了拓展阅读的广度、深度，多角度、全景式地展现作品丰富的内涵，教师给学生提供阅读相关菜单，开发系列阅读课程资源，如作品背景资料解密，专家学者对作品辩证评论。同时我们举行相关的活动，如观赏影视作品、实地考察、游学，深入了解作品。从作品之外看作品，用理性代替感性。

个性化阅读活动。提倡个性化的阅读方法，学生每学年阅读两三部名著。在专题探究中，学生感受经典名著的艺术魅力，分享阅读感受，丰富自己的精神世界。例如：开展名著讲述与推荐活动，运用多种媒介讲述、推荐

自己喜欢的名著，说明推荐理由；尝试改编名著中的精彩片段，情节预测续写，作品指瑕；结合自己的阅读体会，尝试撰写文学鉴赏文章……

在多彩的阅读活动中，教师引导学生深入文本，解读文本的深刻意蕴，体会文本中蕴含的深刻情感，让学生获得深刻的情感体验，实现和文本的心理相融、情意共生，升华学生的思想境界。

（五）汲引多元评价活水，永葆深度阅读动力

评价体系的制定。 名著阅读评价要注意考查学生阅读整本书的全过程，应体现思维能力、阅读方法、文本特征、整合阅读原则。教师围绕深度阅读主要环节设定评价目标，明确评价内容，建立评价标准、评价工具，确定评价方式、评价主体等。

评价类型的选择。 一是过程性评价。在名著阅读中，我们搜集反映学生阅读过程和结果的资料，如阅读档案袋、研究性学习报告、创意性阅读与写作、提出有价值的问题数量，并对这些资料进行量化考核。二是表现性评价。教师让学生在真实或模拟的生活环境中，如通过项目式学习或任务型学习，考查学生知识与技能的掌握程度，以及实践、问题解决、交流合作等多种复杂能力的发展状况。三是考试性评价。在考试评价中，命题者要避免命制单向选择、填空等指向具体内容记忆的试题。问题答案避免设置标准答案，要尊重学生的元认知，体现整本书探究性阅读的价值。如北京高考微写作，将名著阅读与写作结合起来，这样读与不读、读多读少、读深读浅就会明显区分开来。

三、成果的创新点

（一）形成了名著深度阅读系统策略

形成了"主题引领，议题推进，活动助推"的系统深度阅读策略，有效解决了名著阅读中存在的问题，发挥了名著应有的育人功能和学科价值，兼具基础性、基本性和范例性特点，可借鉴、可复制、可推广。

（二）为名著阅读课程化的实施做了有益的探索

我们在阅读模式、阶段、课型、策略、方法及评价等方面做了有益的实

践。阅读目标明确，阅读内容科学有序，阅读方式多样，阅读评价多元，已经具备了课程要素雏形（图2），为下一步名著阅读课程化研究做了有益的探索。

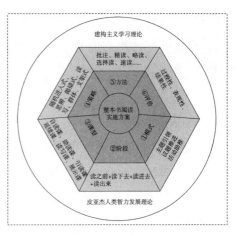

图2　名著阅读课程化框架

（三）找到了"融合+探究"这一保证读考评一体化的新方法

"融合+探究"阅读策略联结起课内与课外，在课内与单元主题融合、写作融合、阅读方法融合，使名著阅读成为教材重要组成部分，保证读考评一体化，解决了名著阅读收效周期长的弊端。在课外，专注名著探究性阅读，保证了名著阅读与单篇、群文阅读不同的价值实现。

（四）构建了新的语文课程体系

重新构建语文课程资源，将名著阅读真正纳入语文课程体系，突破以教材为主的课程观，形成以语文素养为核心，以"教材、名著、活动"为课程内容的语文课程体系。

四、成果的推广应用效果

（一）教师教学能力显著提升

八年来，参与实践师生2万余名。教师不仅树立正确的名著阅读教学观，还逐步掌握运用名著深度阅读策略。教师专业水平不断提升，编写出版《〈水浒传〉思辨读写一本通》与《悦读》（第一集、第二集）3本图书，编写校本教材7部。教师在核心期刊发表论文10余篇，完成相关市级规划课题1项。开设区级以上公开课6节，获奖课例12节，经验交流19次。团队首席教师获评青岛市拔尖人才、齐鲁名师、青岛市名师工作室主持人，其他成员获评齐鲁名师、青岛市名班主任工作室主持人、区级名师等称号。

（二）学生语文核心素养显著提升

三年来，学生人均阅读近20部作品，完成6万余字的读书笔记，已整理

《草房子里的少年梦》、《多学科解读〈西游记〉》、思维导图汇编等11册学生阅读成果，手抄报汇编3本，读后感汇编3本。实验校有近200名学生在名著阅读素养展示活动中获奖。

大部分学生已产生较为浓厚的名著阅读兴趣，初步形成良好的阅读习惯，学习成绩得到显著提高，语文核心素养得到提升。

（三）名著阅读课程化雏形初现

各实验学校每周开设2节名著阅读课，基本实现名著阅读教学系统化、课内化、固定化。名著阅读不仅有具体明确的目标、合理恰当的阅读书目与计划进度、真实有效的活动过程，还有多元化的学习方式与表现性评价任务跟进。教师研发名著助读系统丛书《名著中的人生密码辅助用书》，设计《水浒传》《草房子》《骆驼祥子》《海底两万里》《红星照耀中国》等课例80余节。

（四）成果显著

该项成果获得青岛市教学科研成果特等奖，青岛市教学成果一等奖。研究成果在青岛市区、胶州、城阳，淄博，新疆等地得到推广应用，取得了良好教学效果。先后有5家媒体对此教学成果进行报道，认为初中名著深度阅读策略可操作性强。

第二章　活水来

整本书阅读模式研究

第一节　主题式阅读

　　主题式阅读是围绕一个主题，重视个体生活经验，通过主题与文本的碰撞交融，在读者和作者的对话中，实现文本主题意义建构的一种开放性阅读实践。这种阅读策略旨在有效革除初中生阅读时间短、阅读量少，阅读文本泛化，缺乏精神内核的问题。

鲁迅之所以成为鲁迅
——《朝花夕拾》回忆性散文阅读

青岛市中心聋校　程　颖

【背景分析】

　　《朝花夕拾》原名《旧事重提》，是鲁迅先生的一本回忆性散文集，共10篇。这10篇散文作于动荡的1926年。1926年，中国还在泥泞黑暗的漫漫长夜中挣扎，国内军阀混战，民不聊生。这一年，直奉联军进入北京，政治气氛进一步恶化，大批文人离京避难，次年李大钊等人被迫害牺牲。这一年，鲁迅先生45岁，因一直支持学生运动而受到当时所谓"正人君子"的流言攻击和排挤。这一年，北洋政府将枪口对准了进步学生，制造了震惊全国的"三一八"惨案，两名女学生被枪杀。鲁迅悲愤难抑，发出振聋发聩的呼喊"不在沉默中爆发，就在沉默中灭亡"，也因此被传上了北洋政府通缉的黑名单。颠沛流离，东躲西藏，是他这一段时间的常态，医院和破木匠房成了他的避难所。这一年，他不得不离开新文化运动的中心——北京来到厦门，然而厦门的空气也是一样的污浊。就是在这样的左冲右突中，鲁迅陆陆续续写下了这10篇散文。在动荡的居无定所中，他回忆年少的明媚、求学的坎坷、家道的中落，回忆生命中那些温暖的人和事，以及那些痛彻心扉的领悟。从这些散淡朴素的文字中，我们能看到小小鲁迅一路磕磕绊绊成长的脚步，也仿佛从中看到了小时候那个一路跌跌撞撞野蛮生长的自己。我想这也是统编版初中语文教材把它作为第一部经典名著进行阅读，并且把阅读的主题定位为"消除与经典的隔膜"的重要原因之一吧。然而，这毕竟是一本与七年级的学生有着"隔膜"的经典，这"隔"着的到底是什么呢？

第一，隔着时空。人类的悲欢并不相通，不同的生活环境，不同的社会背景，百年后的中学生能否与百年前的那个少年产生共情？

第二，隔着语言。向白话文过渡时期的语言难免残存文言的痕迹，半文半白的部分读起来略有晦涩。文章中还涉及很多丰富的传统文化知识，这些也成为学生阅读的拦路虎。鲁迅是语言文字运用的大师，其文章独特的张力和韵味需要入境才能入心。

第三，隔着思想。《朝花夕拾》是45岁的鲁迅对自己少年、青年生活的回忆，所以文章中就有了双重视角，一个是童年鲁迅的视角，一个是成年鲁迅的视角。两个视角自然地穿插转换，浑然一体，使文章既有那情那景的真实再现，也有此时此刻的感慨与反思，相互辉映。这两个视角让回忆有了思辨的色彩。

45岁，人生的不惑之年，鲁迅先生写的这一本充满温情、感恩与怀念的散文，在他的生命中扮演着什么样的角色？百年来，时光流转，这一份温暖与感动又在你、我、他的生命中留下了怎样的印记？站在光影交错的时光轴上，过去、现在、未来交织出一幅怎样的画面？

【阅读策略】

围绕"鲁迅之所以成为鲁迅"这一主题，开展整本书阅读活动。在主题引领下，沉浸体验、系统思考、思辨领悟，探究鲁迅之所以成为鲁迅的原因，汲取精神营养，指导自己的人生。

阅读此书，需要你沉浸式体验。百草园的无穷乐趣想必也引起你无限的遐想，雪后捕鸟的快乐想必也曾经是你的向往，去看戏之前被勒令背课文的经历想必也曾经是你难以释怀的梦魇。走进此书，让我们一起穿越纷纷扰扰的时光，回到过去，与作者对话，与历史对话，与人物对话，与自己对话。

阅读此书，需要你系统化思考。这既是一个一个的单篇，又是连缀起来的一个整体。这10篇散文前后呼应，互相勾连，勾勒出鲁迅成长的轨迹，也将带给你生命的启迪。走进此书，需要你运用系统思维，发现联系，把握整体，寻找细节，抓住关键，打通"隔"和"界"，实现"隔"而未"隔"，"界"而未"界"，让景致呈现出更丰富的层次。

阅读此书，需要你思辨中领悟。两个视角的写作方式形成一个交叉的时空，有温暖的回忆，有成长的印记，有痛彻的领悟，有沉重的反思。法国文艺理论家萨特提出"文学介入说"，提出"文学必须干预当代生活并成为其向导"，写作既是"为人生"（鲁迅语），也是"为时代、为世界"，为人生的目的是改良人生，揭露世界也就是改变世界的开始。阅读此书，希望你不仅仅能在文字中感受、体验，更不要局限于自己的生活经历和人生体验，站在时代大背景下深入思考、批判分析，与作者同频共振，与时代同呼吸共命运，实现"理性思辨和感悟人生的统一"，能够在阅读与思辨中给出自己对时代的思考，对青少年健康成长的建议。

【活动设计】

母题：鲁迅之所以成为鲁迅。

任务驱动一：读完整本书，你的脑海里是否呈现出小小鲁迅一路走来的点点滴滴。这本《朝花夕拾》是45岁的鲁迅先生对童年、对故乡、对过去的深情回眸凝望，那些回不去的旧时光，正如零落的片片花瓣，永远在记忆的深处散发着淡淡幽香。如果以《朝花夕拾》为蓝本拍摄一部电影，反映鲁迅的成长，作为导演的你会选取哪些场景？

这一活动以感受、体验为基础，让学生对整本书进行整合与重组，梳理鲁迅的成长经历，刻画出成长轨迹，找到鲁迅成长过程中的关键节点，对成长有一个整体的、初步的认知。着重训练思维的整体性、系统性、逻辑性。

场景一：鲁迅快乐的童年

你以为鲁迅是个连头发丝都竖起来的硬汉？不，小时候的鲁迅像你我一样，有一个快乐的童年。

镜头1：百草园抓斑蝥、拔何首乌毁坏泥墙、从光滑的石井栏上跳下来……（《从百草园到三味书屋》）

镜头2：夏日的夜晚，慈爱的祖母摇着芭蕉扇给他讲故事。宠物小隐鼠在他身边窜上窜下。晚上不睡觉，等着看"老鼠娶亲"。（《猫鼠狗》）

镜头3：冬日的百草园，在闰土父亲的指导下，支起竹筛，撒下秕谷，却没有逮住一只鸟。（《从百草园到三味书屋》）

镜头4：生气地向母亲告状，在床上摆成大字的长妈妈把他挤到了床脚。规矩繁多的长妈妈让他烦得很。长妈妈帮他找到了念念不忘绘图的《山海经》，里面有人面的兽、九头的蛇……（《阿长与〈山海经〉》）

镜头5：三味书屋寻蝉蜕、捉蚂蚁、折蜡梅花，趁先生读书入神的时候描绣像。（《从百草园到三味书屋》）

镜头6：吹嘟嘟。（《五猖会》）

剧本解析：这一阶段，电影的主色调是五彩的，快乐和烦恼都是那么纯粹，就连三味书屋的读书生活也充满趣味。琐碎的记忆构成了我们生命的终极意义，童年，不是在梦里，就是在笔端。无忧无虑、自由自在是这一段的关键词。

场景二：谁的青春不是一场兵荒马乱

你是否也有青春的忧伤？你是否也在为成绩的忽上忽下焦虑烦躁？你是否在为同学对你的忽远忽近黯然伤神？

鲁迅的童年在那一年戛然而止。那一年，他的祖父因为官场贪墨案入狱；那一年，他被送回外婆家避难；那一年，他的父亲病倒了……青春的伤痛呼啸而至，那么猝不及防，似乎没有留给他准备的时间。

镜头1：平桥村，被舅舅嫌弃，被骂是讨饭的。蒙太奇手法穿插回忆镜头——小时候的平桥村是我的乐土，在这里受到优待。（《社戏》）

镜头2：父亲生病。在庸医的指挥下费尽心思为父亲寻药。（《父亲的病》）

镜头3：入了当铺，在侮蔑中接过钱，再入药铺，在药铺和当铺之间穿梭。（《呐喊自序》）

镜头4：父亲病逝。（《父亲的病》）

剧本解析：这一阶段，电影的主色调是灰色的。一连串的打击接踵而至，小鲁迅在这短短的两三年之间深刻地感受亲人离世、世情凉薄。

场景三：风雨飘摇强国路，我以我血荐轩辕

镜头1：南京。矿务学堂学挖矿、研究地质、读《天演论》。（《琐记》）

镜头2：东京。六十分事件、看电影事件。（《藤野先生》）

镜头3：剪掉辫子。《自题小像》。（补充材料）

剧本解析：这一阶段，电影的主色调是昏暗的。穷苦凋敝、愚昧落后的旧中国等着那一代人来探究答案。

尾声：电影将定格在一个背影。漫漫长夜，孤灯如豆，风雨飘摇的旧中国……一个孤独的背影，那是我们极其熟悉的一个背影，吸一口烟，在烟雾缭绕中伏案写作，时而眉头紧锁，时而奋笔疾书……

小结：根据文本补充完善鲁迅的人生轨迹图

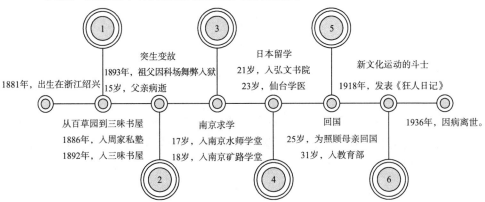

任务驱动二：请你为你的电影设计一张海报，并且介绍主要人物和演员。说说为什么要选这些演员来出演。

要求：海报中出现的人物不宜过多，要选在他生命中有独特意义或者重要影响的。

这一活动是在梳理鲁迅成长轨迹的基础上进行的，在他的成长过程中，总有一些"重要他人"，他们给鲁迅的人生镀上底色，促使他成长。把握关键人物，通过典型事例总结分析人物形象，才能更好地思考这些"重要他人"如何影响塑造着鲁迅。在分析与综合中提升理解力、概括力，着重训练思维的

逻辑性、敏捷性与广阔性。分析的过程中注意把握鲁迅的双重视角。

比如：长妈妈。长妈妈是我的女佣，在很多的地方都能看到她的身影。她有很多的缺点，不漂亮、睡觉占我的床、爱唠叨、规矩多、八婆，还涉嫌踩死了我的隐鼠。然而当她把绘图的《山海经》摆在我面前的时候，我的所有不满都烟消云散。

我想让××来饰演长妈妈。长妈妈虽是一个女佣，但是我感觉她就像妈妈一样真诚地爱着我。照顾我衣食起居，还把我的话放在心上。像极了我那爱唠叨的老妈。偶尔有点烦，永远都想念。

小结：将这些"重要他人"的头像粘贴在鲁迅的人生轨迹图上

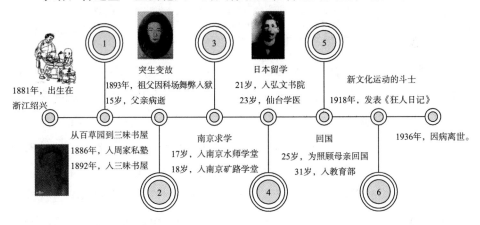

在这张人生轨迹图上，有三个重要的节点。而鲁迅的三次改名也和这三段人生有关。

资料助读

出生	17岁	37岁
1881.9.25	1898	1918.4
鲁迅出生的时候恰巧家里有一位张姓的高官来访，祖父觉得是吉兆，就为他取名阿张，大名周樟寿。	经历家道中落，世情凉薄。经济的困境让他无力走正常的科举之路，只能选择去南京投考新学堂，这在当时被以为"是一种走投无路的人，只得将灵魂卖给鬼子""社会上很看不起，因此读书人觉得不值得拿真名字出去，随便改一个充数"。叔祖父就给他改了名字——周树人。	在好友钱玄同的鼓励下，中国第一部现代白话小说《狂人日记》横空出世，成为投向封建礼教的一颗重磅炸弹。自此，"我周树人就叫鲁迅。"在这里，鲁迅发出了铁屋里的第一声呐喊。

自此，周树人也就成了鲁迅。他以"寸铁杀人"的犀利笔锋，发出时代的呐喊，揭露社会的弊病，批判统治的残暴，唤醒沉睡的人们，刺向笼罩了中国近百年的浓重深沉的黑暗。陈独秀说，"他是中国新文化运动的旗帜。"毛泽东说："鲁迅的骨头是最硬的，他没有丝毫的奴颜和媚骨。这是殖民地半殖民地人民最宝贵的性格。"而他的革命同仁和民众说，他是"民族魂"。1936年10月19日，鲁迅溘然长逝，缀有"民族魂"三个大字的白绫覆盖着先生的灵柩，上万民众自发为鲁迅先生送行。所谓盖棺论定，这就是当时的文化界同仁及普通民众对鲁迅先生所做的定论。他们是与鲁迅并肩奋战过的人，他们深深地知道鲁迅的一生是为民众觉醒、民族解放而奋斗的一生。

任务驱动三：给鲁迅"贴标签"。请同学们结合老师下发的阅读材料，小组合作，谈谈所知道的鲁迅，并用一个词或者一句话来概括所知道的鲁迅。

任务驱动四：小组合作，进行研究性学习。结合《朝花夕拾》以及对鲁迅的了解，探究鲁迅之所以成为鲁迅的原因。进行集体分享，请按照"研究目的、研究方法、研究结论"三个方面进行阐述，研究结论要有理有据。

这一个专题以探究、思辨、表达为主。在任务一、二的基础上，学生对鲁迅的人生轨迹、生活经历和"重要他人"进行了梳理和总结，初步把握了《朝花夕拾》这本书的内容。接下来通过任务三，引导学生深入思考，运用科学研究的方法来进行研究、讨论、分享，在相互探究中提升学生的思维品质，引导学生关注事件背后的意义和内涵，关注现象背后的本质。

【附 活动成果】

一、【我给鲁迅贴标签】

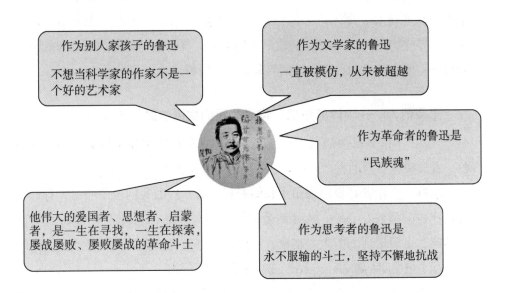

作为别人家孩子的鲁迅

不想当科学家的作家不是一个好的艺术家

作为文学家的鲁迅

一直被模仿，从未被超越

作为革命者的鲁迅是"民族魂"

他伟大的爱国者、思想者、启蒙者，是一生在寻找，一生在探索，屡战屡败、屡败屡战的革命斗士

作为思考者的鲁迅是

永不服输的斗士，坚持不懈地抗战

二、【研究性学习：探究鲁迅之所以成为鲁迅的原因】

研究目的：探究鲁迅之所以成为鲁迅的原因。

研究方法：查阅文字和视频等资料、分析综合、回溯思考、组内互辩。

研究结论：鲁迅生活的时期正是中华民族的至暗年代，而鲁迅的人生际遇也似过山车，跌宕起伏。他一直在批判中热爱，他一直深深地爱着这个国家和民族。

自我的成长——不经历风雨，怎么见人生

1. 自由生长的童年。童年无拘无束、调皮的鲁迅，对万事万物充满好奇的鲁迅，酷爱自由的鲁迅——对未知世界的探索激发了他无穷的创造力。他的作品洞察人心、描摹细致、刻画精准，这些都和他观察力、表现力强有很

大的关系。

2. 刻苦读书的少年。少年的读书生涯给鲁迅打下了坚实的基础，他的文学造诣非一般人可比，为他成为"现代文学第一人"打下了坚实的基础。

3. 历经变故的青年。青年时期的鲁迅突遭变故，历经坎坷。"有谁从小康人家而坠入困顿的吗，我以为在这路途中，大概可以看见世人的真面目。"坎坷的经历增加了他对社会、对人情的敏感，没有家族的落魄、父亲的离世、亲人的凉薄挤对，那阿张（周樟寿）就可能不会离开绍兴，"去异地、走异路、寻异样的人们"，也就可能成不了周树人；没有世情凉薄孕育出来的敏感和自尊，他也就不会有那么深刻的洞察力，周树人也就成不了鲁迅。

重要他人——琐碎的记忆，构成了我们生命的终极意义

《朝花夕拾》里面描写了很多人，他们在鲁迅的生命中扮演着不同的角色。有温暖者、帮助者、同行者，当然也有讨厌的人。

示例：从作者45岁的视角中我们看到，成年后的我们也才明白，有一个人把你说的话放在心上，无私地爱着你是多么难得。尤其是和《琐记》《父亲的病》里面提到的衍太太相比，长妈妈就更显得珍贵。一个普通女工，给他保存了最宝贵的赠品——活跃在生活深处的希望。

父亲在他的文章里是一个因为生病而脾气暴躁的存在，在《五猖会》里还对他格外严厉。但是在45岁的鲁迅眼中，对父亲更多的是怀念。虽然他不认同父亲的一些做法，但是再回忆起来也是充满感恩。而通过其他作品我们可以看到，父亲其实是一个特别温和的人，给他创造了一个温馨、宽松、自由的家庭环境。

……

"俯首甘为孺子牛"，鲁迅终其一生都是一个温暖的人，这从许广平、周海婴、萧红等人的作品中可以感受到。人一生都在被原生家庭治愈。童年的生长环境，塑造了人的性格；青少年时期的经历，固化了人的思维模式和无意识的惯性。正是由于童年时期来自这些人的安全感，让鲁迅先生经历流离、惨遭排挤的时候，能够拥有自愈的力量。这也是1926年鲁迅被排挤到厦门大学而做《朝花夕拾》的一个重要原因。

故乡——生命的自我疗愈，永远的精神家园

经过几千年文化沉淀的民俗，已经在民众的心理结构上形成坚不可摧的"集体无意识"，一个人的成长，和自己生活的环境息息相关。鲁迅笔下的绍兴是整个封建社会的缩影，正是绍兴（也可以说几千年的封建文化）这一方水土养育了鲁迅。鲁迅在《朝花夕拾》里描绘了一幅幅故乡的风情画，有淳朴的民俗民风，有封建的刻板迷信，有些陈规陋俗。

这里给了他温暖，让他在未来的岁月里，无论受到怎样的打击、怎样的诋毁都有力量来抵御漫漫黑暗。同时，因为深爱，所以希望改变，希望她变得更好，所以要批判。"以巨大的爱，为被侮辱和被损害者悲哀，叫喊和战斗。"身在其中，自然对封建礼教有深刻的体察，所以当他从内部反戈一击的时候，造成的打击就是最致命的。而鲁迅，也在这种文化的吸收和反叛中，成为中华民族的筋骨和脊梁。

敢问路在何方

——《西游记》整本书阅读思考与实践

青岛三十四中　胡　晶

青岛市胶州六中　郭　鹏

阅读策略

《西游记》是七年级学生比较熟悉的作品，人物众多，情节复杂，场景多变。如何唤醒学生的阅读经验，进一步细读、深读名著，是七年级教师应当关注的导读方向。

设计"敢问路在何方"阅读主题，整合回目、设置任务、借助方法，"整"读《西游记》。

一、制订阅读计划，整合回目

《西游记》全书共100回，长达82万字，建议用七周时间阅读两遍。第一遍，按照每周阅读20回的进度，花五周时间将其读完，完成西游故事会。

再根据故事情节,将内容相同的章回进行整合,由100回目变成43回目,重新拟回目标题。比如,第四回至第七回的内容都是孙悟空大闹天宫的情节,整合后重新起标题为:美猴王大闹天宫,五行山下定心猿。在第一遍整体阅读过程中,学生熟悉故事情节,把握人物性格,品味重点语段,赏读文章语言,体会作者感情,提出阅读疑问。在第二遍研究性阅读中,学生花两周时间重读全书,带着问题读书,把问题进行记录,与老师、同学共同探讨,实现阅读共享。群体化任务型阅读会让学生在浅阅读的基础上进行深度阅读,提升阅读质量及思维品质。

二、明确阅读目的,设立阅读任务

教师明确阅读目的,根据阅读内容设计相应的阅读任务单,以具体的阅读任务驱动激发学生的探究欲望,帮助学生树立正确的名著阅读意识,有层次、有目的、有主题地开展阅读,延伸阅读的深度和广度。比如,在导读课,教师可设置《西游记》问卷小调查;在专题课,设计"孙悟空为什么放着美猴王不当,要出去求仙访道"。这样的题目能激发学生的探究欲望,引发学生思考。

三、指导阅读方法,精读与跳读相结合

精读又叫细读,是一种逐字逐句仔细阅读和深入思考的阅读方法,以吃透阅读材料的每一层意思以及语句背后的深意为阅读目标。问题设计上需要讲究专而精,学生需要反复阅读和思考才可以回答问题,从问题的回答可以看出学生对文本的理解程度。跳读是有意识地抓取关键地方进行阅读,跳过无关紧要非关键内容的速读方法,可以帮助读者在短时间内迅速获取关键讯息,捕捉文本本质。问题设置上讲究概而要,对主脉络进行提问,引导学生快速把握文章概要,不遗漏重点,也不浪费时间纠结细节。《西游记》中诸多故事具有代表性,如"孙悟空三调芭蕉扇"故事就很值得精读。在精读过程中可思考:孙悟空借芭蕉扇为什么遭到拒绝?通过仔细阅读,可了解到这与孙悟空在观音菩萨帮助下降服了牛魔王与罗刹女之子红孩儿有关,从而理解"借扇"的不易。还可思考一借芭蕉扇被骗后,沙僧、猪八戒、唐僧三人关

于是否"西行"的对话，表现了各自怎样的心理？沙僧为取经前途担忧，猪八戒一贯的"散伙"想法蠢蠢欲动，只有唐僧表达了坚定不移的取经决心。通过精读，学生感受到宏大的场面、曲折的故事情节，从而体会到个性鲜明的人物特征。而书中一些描写人物外貌、打斗场面或环境气氛的诗词，有渲染夸饰的痕迹，可以省略不读。再者书中一些降妖伏魔的故事情节套路雷同，也可以跳过。通过精读与跳读两种方法相结合，可抓住作品的重要内容和精彩片段，提高阅读效率。

四、借助思维导图，阅读知识系统化

学生在阅读《西游记》时，往往会被烦琐的故事内容搞得晕头转向，从而影响了阅读的效果。在阅读名著中引入思维导图，学生把抽象文字直接化，零散知识系统化。在名著阅读过程中，通过借助思维导图阅读法，学生在形象的导图中加深了对名著中重点内容的理解，提升了阅读效率。例如，可绘制一张"唐僧师徒取经路线图"，描述取经的主要过程。用思维导图理清人物关系，如以孙悟空为核心词，运用箭头、连线等符号绘制其朋友圈，对人物关系进行梳理。也可以为人物绘制身份证，把生动的文字讲述转换成直观的图像，激发阅读兴趣，加深阅读体验。由此化繁为简，学生对整本书的故事脉络、人物关系以及人物形象有直观清楚的了解。

五、运用对比阅读，点燃思辨之光

用对比阅读的策略，把一篇或多篇内容或形式上有一定联系的文本集中起来，通过横向或纵向比较，从内容、主题等多角度进行辨析，引导学生从多方位走入名著。这样既可以开阔眼界，活跃思想，又可以发现差别，把握特点，点燃学生思维之光。例如，通过纵向比较师徒四人取经过程中的难，可发现有相似点。总是先写遇到困难，然后写徒弟去救，但是不能顺利地解决困难，再出现一位神仙帮忙，最后解决了困难。由此体会到小说一波三折的表达方法。

六、链接阅读资源，续航名著阅读

在名著阅读指导中，了解人物、情节往往是阅读的表层信息，教师还

要鼓励学生深度阅读，把握名著的精神内涵。教师可推送优秀微课，学生也可自主搜集查阅相关的影视作品、电子书籍、相关《西游记》解读文章等资源，丰富知识，增加阅读量。如《西游记漫画》《解码〈西游记〉》《煮酒探西游》《西游可以这样读》《经典名著的人生智慧》。

名著阅读是语文学科活动中的重要组成部分。教师在常态化教学中，应坚持人文教育关怀，在实践与探索中，通过以上阅读策略，将文本与学生、生活、社会打通，持续有效地激励与引领、互动与优化，让学生真正将名著读得下来，读得进去，读得出来。

童眼看西游
——《西游记》专题课设计

青岛三十四中　　胡　晶

教学目标

1.结合作品理解人物形象，多维度思考作品主旨。

2.认识作品的现实意义。

【任务一】读西游论主题

中国古典文学研究家周汝昌分别以一个字概括了四大名著的精神实质，将《三国演义》的精神宗旨归结为一个"忠"字，将《水浒传》的精神宗旨归结为一个"义"字，将《红楼梦》的精神宗旨归结为一个"情"字，将《西游记》的精神宗旨归结为一个"诚"字。他坦言自己对《西游记》缺少更深层次的研究，希望同学们可以畅所欲言。请你也用一个字或者一个词语归纳《西游记》的精神实质，并阐述理由。

评价指向	评价内容	分值	自评	师评
把握作品主题	能全面准确分析作品的主题	2		
	能较全面分析作品的主题	1		
	分析作品主题不准确	0		

【任务二】谈悟空辩形象

在语文课上，同学们讨论唐僧师徒四人团队合作时，同学们为悟空的形象问题吵翻了天，有的同学认为在一个团队中，悟空是一个好的合作伙伴，有的同学认为他不是一个好的合作伙伴，你是怎么认为的？你希望孙悟空加入你的团队，做你的合作伙伴吗？

评指向	评价内容	分值	自评	师评
把握人物形象	能全面准确分析人物形象，观点明确，做出选择	2		
	能分析出人物部分形象，观点较明确，做出选择	1		
	能做出选择，观点不明确	0		

【任务三】说修心悟成长

李卓吾评点《西游记》："灵台方寸，心也。一部《西游》，此是宗旨。"西天取经之路也是孙悟空的修心之路，从狂心到定心、正心、修心，再到归心，见证了他一路的成长和变化。人这一生会经历九九八十一难，修行一生怎样才能修成正果？结合自身谈一谈，在你的成长过程中，你要修炼一颗怎样的心，请用思维导图的形式进行说明。

评价指向	评价内容	分值	自评	师评
思维导图	要素完整、准确，内容充实，画面清晰	2		
	要素较完整、准确，内容较充实，画面较清晰	1		
	要素不完整、准确，内容不充实，画面不清晰	0		

评价表

课段	评价目标	评价内容	评价等级（分数）	评价主体
读中	1. 概括小说的主要内容，分析人物形象，理解作品的主题 2. 对文学作品的内容和表达有自己的心得，能提出自己的看法 3. 与同学合作、探究，分享所得，参与课堂讨论，清晰表达自己的观点	完成阅读任务单。对文学作品的内容和表达有自己的心得，能提出自己的看法，发表自己的观点	A（10分）□ B（8分）□ C（6分）□ D（4分）□	师评
			A（10分）□ B（8分）□ C（6分）□ D（4分）□	互评

【设计反思】

整本书阅读遵循的是"读之前，读下去，读进去，读出来"这种循序渐进、螺旋上升的认知过程。学生从阅读开始到与同伴、教师、世界对话，不断拓展认识的深度，到对自我知识的建构，写出自我独特感悟结束。教师在此过程中起引领提升作用，是学生自主学习的帮助者。我们根据名著阅读的目标、内容设计了不同的课型。本节课是一节专题课，教师设置动力十足的问题，引导学生与教师、学生与学生、学生与文本对话。教师将自己的阅读体验感悟与学生进行碰撞，引领学生驶向思想的纵深处，亦可生发新的疑问，促进学生思维的发展和知识的有意义建构。

本课例主要设计了三个任务，也是根据新版课标要求着力推进任务驱动性学习，以任务驱动学生的阅读和思考，贴合学生阅读经典名著的认知和心理。

任务一主要是讨论《西游记》的主题。设计的问题是中国古典文学研究家周汝昌分别以一个字概括四大名著的精神实质，学生在读了《西游记》之后，对《西游记》也会有不同的认识，自己用一个字或一个词语去概括它的精神实质。《西游记》的主题是多元的，可多角度进行分析。有的学生概括为"修心"，认为《西游记》是"修心"之路，去除妄心，丧失自我之心，修炼自我真心、修行之心。有的同学用"勇"字来概括，觉得师徒四人历经九九八十一难，勇于面对磨难，降妖伏魔，具有大无畏精神。还有的概括为"专""恒"等等。教师尊重学生多角度理解，以及个性化的意见。设计此题也是让学生在阅读《西游记》之后，从自己的阅读感受出发，引发学生进行深度思考，明白创作意图，多角度解读《西游记》。

任务二是讨论悟空形象。我们通常认为孙悟空是取经团队的重要一员，无疑是最大的功臣。但是读书时往往会出现不同的声音，有的人认为孙悟空并不是一个好的合作伙伴。所以就这个点设置辩论题：你认为孙悟空是不是一个好的合作伙伴？你希望孙悟空加入你的团队，做你的合作伙伴吗？设置这个任务的目的就是要全面地、一分为二地看待问题，培养学生的思辨能力，只有学与思的结合，读与辨的融通，才能使学生处于阅读与思考的状态——思则通，辨则达。学生在辩论这个问题时，会结合具体情节全面阐释孙悟空的形象特点，对孙悟空进行深度的剖析，来证明自己的观点。在辩论过程中，学生一并阐述了一个团队需要什么样的合作伙伴，结合生活实际，教师有意识地拉近作品与学生的时空距离，有意识地引发思辨，在培养学生思辨能力中，将作品内涵与现实生活相融合，有效提高学生学习的主动性、创造性。

任务三是感悟成长。设计的任务是"人这一生会经历九九八十一难，修行一生怎样才能修成正果？结合自身谈一谈，在你成长过程中，你要修炼一颗怎样的心，请用思维导图的形式进行说明"。这个任务采用体验式阅读，调动学生的阅读情绪，在了解悟空成长变化的基础上，结合自己的成长之路，用思维导图将文本、作者和学生构建联系，在价值观上对学生给予引导，在掌握知识和技能中培养学生的核心素养。

本课例的每一个任务的后面还设置了评价量表。理想的名著评价应由注重识记转为理解分析应用，评价应该是多元的，贯穿整个学习活动始终。设置评价量表，既能体现教师设置任务的意图，也是学生作答的思路方向和教师评价的依据，恰当的评价可以保证任务学习的效果和目标的达成。本课例主要侧重在学生读的过程中进行评价，评价方式多样，有老师评、有学生评、有自己评，这种形式的评价可以使得学生评价更公正、可信，而不是浮于表面的评价，也进一步提高了课堂阅读评价的效果。

《西游记》整本书的教学设计基本围绕学生的个性阅读展开，以学科素养为着重点，以目标为导向，以任务为载体，以学生为学习中心，激发学生个性化阅读的潜力，促进知识结构化、整合化，实现思维的迁移，使学生深度学习。本节课有效整合语文课程内容，推动语文课程的深层变革，使名著阅读真正形成"读之前，读下去，读进去，读出来"的良好循环。

《西游记》专题探究
——解读"紧箍咒"教学设计

青岛市胶州六中　郭　鹏

【教学目标】

1.阅读"紧箍咒"相关情节，学会梳理情节的方法。

2.通过提取信息比较阅读，进一步感知紧箍咒的意义，体会孙悟空的成长变化。

3. 研读名著，正确认识成长问题，树立正确的情感态度价值观。

【方法指导】

《西游记》是一部长篇章回体小说，内容繁杂，但根据目录内容，借助推想策略可快速定位关于"紧箍咒"的具体内容。在研读过程中，为更好地把握文本，探究人物形象，可利用精读和跳读相结合的方式，舍弃不重要的内容，细细品味围绕"紧箍咒"描写的精彩部分，分析在屡次"念咒"背景下，孙悟空的心理变化等情况，进而把握人物特色。在分析多篇文本内容时，为了更好地归纳和分析，可以使用比较策略，例如对比阅读孙悟空三次对待妖怪的态度以及三遇强盗的不同，体会孙悟空的成长和转变。借助这些方法逐渐深入名著，走进人物内心世界，体会"紧箍咒"是收心，更是修心。

【教学过程】

一、激趣导入，走入文本

同学们，孙悟空是《西游记》中当之无愧的重要角色，因地府除名、大闹天宫等被如来压在了五指山下，如此本事通天的齐天大圣用500年的自由换取了一个取经的名额后，又戴上了紧箍咒的枷锁。这节课就让我们来细细解读这紧箍咒的奥秘。

二、略读整体，定向解读

在同学们已整体感知全书基础上，课前布置了阅读任务：梳理与紧箍咒相关的情节，记录关于紧箍咒的思考。

【设计意图】设计本题旨在培养学生提取信息的能力，学生可利用思维导图、表格或是按照回目情节等方式梳理与紧箍咒相关情节，以此达到更直观清楚的效果。

提示：

第十四回	心猿归正 六贼无踪	观音授意唐僧为孙悟空戴上紧箍咒，念咒两次
第二十七回	尸魔三戏唐三藏 圣僧恨逐美猴王	三打白骨精，三次念咒
第三十九回	一粒金丹天上得 三年故主世间生	唐僧责令孙悟空救乌鸡国国王，念咒一次；辨真假唐僧，念咒一次
第五十六回	神狂诛草寇 道昧放心猿	打杀强盗，念咒一次
第五十八回	二心搅乱大乾坤 一体难修真寂灭	辨真假孙悟空，念咒一次

三、精读局部，推理释疑

问题一：三打白骨精时，孙悟空打的是妖怪，唐僧为什么念咒？紧箍咒对孙悟空有什么作用？

【设计意图】设计这个问题是引导学生进行对比分析，推断紧箍咒影响了孙悟空对待妖怪的态度。纵向对比阅读，先梳理出孙悟空三打白骨精之后，三次对待妖怪的情节，如第三十三回、第四十回、第八十回。通过对比可推断，三打白骨精后，孙悟空对待妖怪的态度发生变化，从鲁莽冲动变得沉着冷静，隐忍克制，例如他背起了刁难他的银角大王，躲开了求救的红孩儿。

问题二：对比三遇强盗，孙悟空有何心理变化？结合其变化，思考孙悟空该不该戴紧箍咒？

【设计意图】三遇强盗的情节在第十四回：心猿归正，六贼无踪；第五十六回：神狂诛草寇，道昧放心猿；第九十七回：金酬外护遭魔蛰，圣显幽魂救本原。孙悟空三遇强盗的表现，是其逐渐走向成熟的体现。从一开始的妖性，即无是非观，人也是妖，到有了人性，即打杀强盗小心谨慎，人不可杀。最后有了佛性，宽容地放走了强盗，充满慈悲心。设计此题旨在通过对比分析，学生体悟到孙悟空的成长变化。设计紧箍咒该不该戴这个问题，可以展开辩论，增强学生思辨意识。

四、问题探究，深悟内核

问题一：在紧箍咒的作用下，孙悟空有了巨大转变，五十八回后唐僧没有再念紧箍咒，但孙悟空仍然心存畏惧，直至一百回后，紧箍咒消失了。紧箍咒是什么？为什么消失了？

【设计意图】设计本题旨在让学生可多角度地阐释紧箍咒对孙悟空的作用，具有发散性思维。鼓励学生从自身的阅读感受出发，进行深度思考。

问题二：结合观音告诉唐僧这紧箍咒叫"定心真言"，以及菩提祖师的山门对联"灵台方寸山，斜月三星洞"思考：紧箍咒的内涵是什么？

【设计意图】这个问题的设计主要是通过理解紧箍咒的内涵，深切体会孙悟空的成长变化，从而理解紧箍咒的象征意义，逐步建立正确人生观价值观。问题设计层层递进，逐步深入，提升学生思维品质。

五、拓展延伸，各抒己见

有人说紧箍咒成就了孙悟空，也有人说紧箍咒是孙悟空一生的悲剧，对此，你怎么看？

【设计意图】设计此问题旨在尊重学生阅读感受和体会，能够辩证地看待问题，激发学生思辨意识，将名著阅读引向思维的更深处。

【教学反思】

在引导学生阅读与"紧箍咒"相关的故事情节，教给学生梳理情节的方法中，教师结合学生的阅读困惑和需求，制定了阅读任务，真正把学生的阅读需求放在了首位，调动了学生的阅读积极性。

在梳理相关故事情节过程中，学生通过目录树立整本书阅读的观念，纠正了碎片化阅读的习惯，增强了收集处理信息的能力，学会了梳理故事情节的方法，提高了阅读能力。

通过比较阅读，精读和略读相结合的方法，学生有效地提取信息，在表达阅读看法和疑惑时不只停留在表层，还关注到了人物变化的成因，借助人物自身行为经历和学生实际生活，感受人物，走进人物内心世界，走进名著。在探讨交流过程中，师生平等愉悦轻松的互动关系更极大地调动了学生的阅读积极性，活跃了学生的思维，实现了课堂思维火花的激情碰撞，达到了良好的课堂教学效果。

除此之外，《西游记》这部名著在很多学生的心里只是降妖除魔的鬼怪神魔故事,同时伴随着时代的发展,影视作品的形式比文本形式更能吸引孩子们的目光,所以,对于《西游记》的深入研读更易被忽略,基于此,通过定向解读的方法,学生能够立足整体,精读局部,深悟核心。在层层进阶式阅读中,学生不仅可以感受到《西游记》的有趣,更能体会到《西游记》的有味,学生的发散思维得到了发展,创造力得以提升,同时丰富了其内心世界,调动了其阅读积极性。热火朝天、积极踊跃的课堂气氛体现了学生在逐步感知紧箍咒魔力的同时,深切体会到孙悟空的成长变化,从而更加理解紧箍咒的象征意义,逐步建立自己的人生观、价值观。

总体来看,由于教学内容比较新颖,学生参与积极性较高,师生互动良好,学生在轻松愉悦的氛围中完成了本课学习。在短时间内训练了梳理故事情节的方法、信息的提取加工、比较阅读、精读与略读相结合等多种能力,有效落实了语文核心素养。

当然,本节课也有不足之处。在课堂交流中,教师可以用扎实的语言文字功底让学生更深入地感受语言的魅力 。在探讨"紧箍咒"的相关内涵时,教师也只是重点结合文本内容加以阐释,若能引导学生多结合时代背景和作者个人经历等一起分析,会更好地加深学生的思考,促进其思维能力的提高。

傅聪:一位伟大的世界级钢琴诗人的成长史
——《傅雷家书》研究性解读

青岛市市北实验初级中学 姜 霞

在讨论《朝花夕拾》的整本书阅读时,有老师提出用一个主问题"鲁迅之所以成为鲁迅的原因"来串起几篇主要的文章,探究影响鲁迅成长的因素,体现整本书阅读的"整"。《朝花夕拾》是回忆性散文,我想,对于《傅雷家书》这样的书信集,不妨也用这样一个主问题——"傅聪:一位伟大的世界级钢琴诗人的成长史"来统整全书。

基于八年级学生的阅读水平及部编本《傅雷家书》名著导读中对本书的阅读定位——选择性阅读,围绕"影响傅聪成为享誉世界的钢琴诗人的原因"主问题，我从"心中有爱""修身做人""音乐修养""诗人气质"四个方面，让学生从一百多封家书中，进行选择性阅读，找出相关的书信讨论、交流，一起梳理了傅聪成为"德艺双馨"艺术家的轨迹。

心中有爱

"孩子！孩子！我要怎样地拥抱你才能表示我的悔恨与热爱呢！"

一直以来，傅雷对傅聪的教育是非常严苛的。第一封家书（1954年1月18日）中写道："老想起五三年正月的事"。（就贝多芬小提琴奏鸣曲哪一首最重要的问题，父子二人争执不下，父亲勃然大怒，倔强的傅聪离家出走）

儿子出国求学时，一向以严肃冷酷示人的父亲，却流露出更多的柔情。面对面说不出口的话，可以在纸上肆意地传达。傅雷在信中大声地向儿子说出了爱，说出了忏悔之词。"我从来没有爱你像现在这样爱得深切"，"跟着你痛苦的童年一起过去的，是我不懂做爸爸的艺术的壮年"。傅雷严厉的外表下藏着一颗多情的心。严父慈母的家庭教育方式是中国的传统，傅聪深知父亲在自己身上倾注的心血。

"我们也因为你替祖国增光而快乐！更因为你能借音乐而使多少人欢笑而快乐！……中国正到了复旦的黎明时期，但愿你做中国的——新中国的——钟声，响遍世界，响遍每个人的心！"（1955年1月26日）"你不是抱着一腔热情，想为祖国、为人民服务吗？而为祖国、为人民服务是多方面的，并不限于在国外为祖国争光，也不限于用音乐去安慰人家——虽然这是你最主要的任务，我们的艺术家还需要把自己的感想、心得，时时刻刻传达给别人，让别人去作为参考的或者是批判的资料。"（1955年4月20日）

"孩子，十个月来我的心绪你该想象得到。你既没有忘怀祖国，祖国也没有忘了你，始终给你留着余地，等你醒悟。我相信：祖国的大门是永远向你开着的。……你如今每次登台都与国家面子有关；个人的荣辱得失事小，国家的荣辱得失事大！你既热爱祖国，这一点尤其不能忘了。"（1959年10月1日）

"你真不愧为一个现代的中国艺术家，有赤诚的心，凛然的正义感，对一切真挚、纯洁、高尚、美好的事物都衷心热爱，我的教育终于开花结果。你的天赋禀资越来越有所发挥；你是对得起祖国的儿子！你在非洲看到欧属殖民地的种种丑恶行径而感到义愤填膺，你拒绝在南非演出是绝对正确的；听到你想为非洲人义演，也使我感到十分高兴。了不起！亲爱的孩子！"（1961年4月15日）

这些书信，不仅仅使傅聪与亲人之间建立了牢固的纽带，也使傅聪与远离的祖国牢牢地建立了心的联结。他爱家人，爱祖国，爱世界的人民。

不管国内家庭所受到的残酷遭遇，不管自己所蒙受的恶名，傅聪始终没有背弃祖国，他不受祖国敌对者多方的威胁利诱，没有说过或做过有损祖国尊严的言行。甚至他在艺术巡礼中，也始终如一，一律拒绝接受对祖国采取敌对态度的国家的邀请。

修身做人

"哪个人教育一个年轻的艺术学生，除了艺术以外，再加上这么多的道德的？我完全信任你，我多少年来播的种子，必有一日在你身上开花结果——我指的是一个德艺具备，人格卓越的艺术家！"（1954年9月4日）

傅雷对己、对人、对工作、对生活的各方面都要求认真、严肃、一丝不苟，他对待傅聪也是十分严格的。例如："围巾必须和大衣一同脱在衣帽间，"手不要插在上衣或裤子口袋，"对客气的人，或是师长，说话时手要垂直，人要立直，""在饭桌上，两手不拿刀叉时，也要平放在桌面上。""出台行礼或谢幕，面部表情要温和。"（1954年8月16日）甚至连信封上的字太大，也被当作"要紧的小事"给指出来。

"你要学习的不仅仅在音乐，还要在举动、态度、礼貌各方面吸收别人的长处。但望你不要嫌我繁琐，而要想到一切都是要使你更完满、更受人欢喜！"

"我一天比一天体会到小时候爸爸说的'第一做人，第二做艺术家'……我在艺术上的成绩、缺点，和我做人的成绩、缺点是分不开的；也有的是做人的缺点在艺术上倒是好处，譬如不失赤子之心。"（傅聪写给父母亲的一封家书）

从傅聪对傅雷的回应中，我们欣喜地看到父亲道德说教的效果。傅雷的朋友楼适夷《读家书，想傅雷（代序）》中写道：

"特别使我高兴的，我没有从他的身上看到常常能看到的，从海外来的那种世纪末的长发蓄须、艳装怪服的颓唐的所谓艺术家的俗不可耐的形象；他的态度非常沉着，服装整齐、朴素，好像二十多年海外岁月，和往来周游大半个地球的行旅生涯，并没有使他在身上受到多少感染。从形象的朴实，见到他精神世界的健壮。"

这个评价便是傅雷对傅聪道德修养教育的最佳注脚。

音乐修养

傅雷艺术造诣极为深厚，对古今中外的文学、绘画、音乐等领域有极渊博的知识。傅聪在成才的道路上，父亲的陶冶与教养使他的才智技艺不断积累，使他在音乐追求上日臻完美。

对傅聪弹琴时出现的问题，傅雷密切关注，帮他一一指正，例如在琴上身体动得厉害，表情十足，边弹琴边哼唱等问题，再三叮嘱傅聪练琴要节制感情。

只因傅聪在信中屡屡提及艺术方面的希腊精神，傅雷就抄写《论希腊的雕塑》译稿6万余字，订成一本，寄往英国。为了让傅聪充分理解作曲家的作品，傅雷特意从专论莫扎特的书里译出一段给他参考。"刚弹完肖邦，接着研究莫扎特，我觉得精神血缘上比较相近。将来你预备弹什么近代作家，望早些安排，早些来信；我也可以供给材料。在精神气氛方面，我还有些地方能帮你忙。"

"你的确和莫扎特：起了共鸣，你的脉搏跟他的脉搏一致了，你的心跳和他的同一节奏了；你活在他的身上，他也活在你身上。"演奏者和作曲家产生了共鸣，这是演奏的最高境界，也是傅雷对儿子傅聪的充分肯定。

"艺术不但不能限于感性认识，还不能限于理性认识，必须进行第三步的感情深入。换言之，艺术家最需要的，除了理智以外，还有一个"爱"字！所谓赤子之心，不但指纯洁无邪，指清新，而且还指爱！这个爱绝不是庸俗的，婆婆妈妈的感情，而是热烈的、真诚的、洁白的、高尚的、如火如荼的、忘我的爱。"（1956年2月29日）由感性认识到理性认识，再到感情深入，傅雷深刻总结了艺术认识的普遍规律，而"真诚是第一把艺术的钥匙"。

"你能用东方人的思想感情去表达西方音乐，而仍旧能为西方最严格的卫道者所接受，就表示你的确对西方音乐有了一些新的贡献。唯有不同种族的艺术家，在不损害一种特殊艺术的完整性的条件之下，能灌输一部分新的血液进去，世界的文化才能愈来愈丰富，愈来愈完满，愈来愈光辉灿烂。"（1960年8月5日）傅雷对世界文化的理解，东西方文化不是冲突的，是相互融合促进的。

"好像世界上公认有个现象：一个音乐家（指演奏家）大多只能限于演奏某几个作曲家的作品。其实这种人只能称为演奏家而不是艺术家。因为他们的胸襟不够宽广，容受不了广大的艺术天地，接受不了变化无穷的形与色。假如一个人永远能开垦自己心中的园地，了解任何艺术品都不应该有问题的。"而傅聪在艺术上能够不断有进步，不仅在于他自觉的追求，更重要的是他无形中时时刻刻都在"化"——"因为化了所以能忘我，忘我所以能合一，和音乐合一，和听众合一，音乐、音乐家、听众都合一。"

诗人气质

"黄河之水天上来，奔流到海不复回！……无边落木萧萧下，不尽长江滚滚来！……有这种诗人灵魂的传统的民族，应该有气吞牛斗的表现才对。"

傅聪年少时，傅雷亲自编制国学教材并教授，使他具备了深厚的国学功底。而这国学底蕴又成了傅聪与父亲、与祖国的精神纽带。如家书中所说"关于远阻而你我之间思想交流，精神默契未尝有丝毫间隔，也就象征你这个远方游子永远和产生你的民族，抚养你的祖国，灌溉你的文化血肉相连，息息相通"。（1961年2月6日）

"你说到李、杜的分别，的确如此。"从傅雷的回信中，我们看到，傅聪主动与父亲探讨他喜欢的诗人。在家书中，他们探讨杜甫的写实，李白的天纵之才、曲高和寡；谈论喜欢的宋词两大家苏东坡和辛弃疾；就《长恨歌》与《琵琶行》，畅谈白居易处理音节与情绪关系的妙处。（1954年7月27-28）

除此之外，傅雷还让傅聪阅读大量的中华优秀传统文化，如《世说新语》，傅雷认为它能体现两晋六朝的文采风流，"是中国文化的一个高峰。"《人间词话》是最好的文学批评，"开发性灵，此书等于一把金钥匙。为学最重要的是'通'，'通'才能不拘泥，不迂腐，不酸，不八股；'通'才能培养气节、胸襟、目光。'通'才能成为'大'，不大不博，便有坐井观天的危险。"（1954年12月27）正因为"通"，傅雷才拥有了一般人不具备的气节、胸襟、学识和眼界，他也以这个标准来培养傅聪。

傅聪回忆说，"音乐会完了以后，波兰的听众真是疯狂了，像潮水一般涌进来，拥抱我，吻我，让他们的泪水沾满了我的脸，说他们一生从来没有如此感动过。"他受到波兰人的喜爱，就源于他的诗人气质，而肖邦的诗人气质也特别接近中国诗词。

"这次无论谁，评论我的演奏时，总处处提到中国的古文化，那是使我最快乐的，因为能使别国人通过我而更崇敬我的祖国的文化。我相信中国人具备别国人所没有的优越条件，将来一定会开出极美的花朵来。"（叶永烈《傅雷与傅聪》）

父子二人对于中华文化何其自信。今天的中国人更加坚定文化自信，若傅雷泉下有知当欣慰。

回顾傅聪成长为钢琴诗人的历程，傅雷功不可没。傅聪曾说："父亲是我最好的老师。"因为傅雷的用心培育，傅聪成为钢琴大师，享誉世界；也因为傅聪的成功，《傅雷家书》家喻户晓。傅雷与傅聪，互为映照，相互成全。

天才是不存在的，任何一个优秀的孩子，都不是横空出世的奇迹，而是有迹可循的因果。他的因在家庭，根在父母。

第二节　支架式阅读

> 支架式阅读是通过整体规划，搭建各种学习支架，给予学生多层次、立体化的阅读任务，发展学生较为复杂的语言理解能力、情感体验能力、思维思辨能力与文化理解能力的阅读策略。支架式阅读旨在借助阅读支架的构建，使学生从现有阅读发展区达到较高发展水平。

信仰与坚守
——《红星照耀中国》阅读探究与实践

青岛弘毅中学　雷丽丽

《红星照耀中国》是红色革命文化经典，影响了一代又一代人。作品中的每句话、每个人物，甚至每个表情，都有可信的信息来源，要么是作者亲眼所见、亲耳所听，要么来自可信的资料辅证，充分体现了纪实作品"用事实说话"的基本特点。

八年级同学第一次接触纪实作品，阅读经验甚少；不熟悉成书背景，阅读兴趣淡薄，对作品中的事件、人物缺乏全面、辩证的认识与分析，以致阅读浮于表面。根据学情，八年级学生读《红星照耀中国》亟须解决的问题是，探究客观事实背后的意义及作品中人物精神内核。

支架式阅读以学生中心教育理论为基础，以构建亲身体验、虚实相生的学习情境为桥梁，促使学生沉浸于作品中，收获感悟，习得策略，丰富精神。

基于以上，工作室设计了"母题阐释、主题推进、议题探究"支架式阅读策略。实践证明，支架式阅读可以很好地拉近学生与作品的时空距离，能够呈现自主、实践整体化的阅读样态。

【阅读策略】

《义务教育语文课程标准（2022年版）》强调："阅读革命文学作品，如《革命烈士诗抄》《红岩》《红星照耀中国》等，体会、评析革命领袖、革命英雄的爱国精神和人格魅力。""整本书阅读教学，应以学生自主阅读活动为主。引导学生了解阅读的多种策略，运用浏览、略读、精读等不同阅读方法；通读整本书，了解主要内容，关注整体与局部、局部与局部之间的关系；重视序言、目录等在整本书阅读中的作用。设计、组织多样的语文实践活动，如师生共读、同伴共读，朗诵会、故事会、戏剧节，建立读书共同体，交流读书心得，分享阅读经验。"因此，教师应立足整部作品，从学生视角切入，巧设阅读任务，注重方法引领，开展系列由表及里、由浅入深的阅读活动。

阅读纪实革命作品，首先要感受革命者的赤子情怀与担当，思考当代青年的人生价值和意义；其次是习得这一类作品的阅读方法及策略。《红星照耀中国》是该题材作品中的经典，为达到引导学生，从历史事实中汲取精神营养，于阅读中思辨、启迪的阅读目的，需在阅读活动中，设计科学的阅读策略引领、支撑。如图1所示，"信仰与坚守"作为母题进行阐释。借助"记者的足迹"和"别样的镜头"两个专题推进阅读，了解红星抗争史，埋下信仰的种子；"爱民与亲民""平凡与不凡""勇敢与担当""团结与智慧"四个议题探究，沐浴星光，洗礼精神，坚守信仰，笑对生活，直面人生。

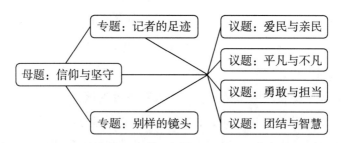

图1　《红星照耀中国》母题阐释、主题推进、议题探究模式

专题推进是支架式阅读策略的基础。借助专题一"记者的足迹"，通过阅读序言、浏览目录、跳读正文等，获得对作品的整体印象，明确作品是按照"探寻红色中国"的时间顺序来记录见闻的，梳理作品中事实的前因后果、

发展线索。借助专题二"别样的镜头",跟随作者一起,了解闪闪发光的人物:细致地关注人物的个性、经历、命运,描述他们的言谈举止,追溯他们的家庭环境与青少年时代。学生在咀嚼文字的过程中与作者共鸣,试图从作品中人物的出身和成长经历中找寻其成为共产党人的原因。借助专题阅读,可以帮助阅读者梳理文意、把握情感,为深入探讨"为什么红星可以照耀中国"做铺垫。

议题探究是支架式阅读策略的核心。选定思辨点,明确探究方向;创设思辨域,挖掘阅读深度;培养思辨力,提升阅读素养是议题部分设计必须考虑的三方面。如图2所示。

图2　议题探究奇点模式

围绕母题"信仰与坚守",议题部分的思辨点从"以民为本""伟大领袖""威武之师""人间正道"四个方面进行挖掘,借助项目化活动创设的思辨域展开深度阅读,联系当今的社会实际进行分析和思考。从而,体悟红星精神,坚定红星信念。

【阅读案例】

本案例围绕"为什么红星可以照耀中国"这一核心问题,创设绘制"爱民与亲民"主题手抄报这一真实情境,借助"读""辨""绘""写""展"阅读活动,沉浸文字、小组合作、读思结合、辨析体悟,探究核心问题,理解红星精神,丰富且加深对母题"信仰与坚守"的理解,树立并坚定正确的价值观,积极践行。

一、阅读目标

1. 支架式阅读，探究"红星照耀中国"的原因。

2. 深刻领悟红星的内涵，继承、弘扬民族精神。

二、活动总览

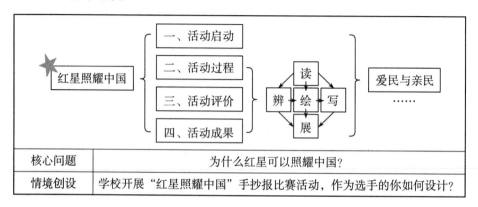

核心问题	为什么红星可以照耀中国？
情境创设	学校开展"红星照耀中国"手抄报比赛活动，作为选手的你如何设计？

三、活动启动

（一）发倡议书

倡议书

亲爱的同学：

　　为深度阅读《红星照耀中国》，全面理解红星内涵，丰富自己的精神世界，提升自我综合素养。学校准备举办"红星照耀中国"手抄报比赛活动，请全体同学积极参与。

　　……

倡议人：语文老师

（二）前期准备

　　《红星照耀中国》是一部有远见的红色预言，不仅记录了考察所得的第一手资料，而且深入分析、探究了"红色中国"产生、发展的原因，向全世界宣告：红星必将照耀全中国。

　　1. 教师方面：

　　充分了解学生专题阅读效果，为议题阅读做准备。因此，教师在选择学生需要的、有意义的沉浸式活动之前，要做两项工作。一是要深入阅读文本，寻求个性化的阅读体验，寻求激发学生思辨的驱动问题；二是要充分研究融合课堂内外，创设情境场域，推进学生深度阅读，体悟主题。

2. 学生方面：

（1）树立认识自我、解决问题的理念；

（2）培养积极合作、交流的团队意识；

（3）能够用梳理、归纳、总结的方法；

（4）养成深度阅读、勤于思辨的习惯。

四、活动过程

（一）读

问题：《红星照耀中国》一书中写道，"四川军队大概从来没有见过这样的战士——这些人当兵不只是为了有个饭碗，这些青年为了胜利而甘于送命。他们是人，是疯子，还是神？迷信的四川军队这样嘀咕"。你认为红军是人，是疯子，还是神？请朗读以下文段，结合本书相关内容阐述理由。

这些战士战斗得那么长久，那么顽强，那么勇敢，而且——正如各种色彩的观察家所承认的，就连蒋介石总司令自己的部下私下也承认的——从整体说来是那么无敌，他们到底是什么样的人？是什么使他们那样地战斗？是什么支持着他们？他们的运动的革命基础是什么？是什么样的希望，什么样的目标，什么样的理想，使他们成为顽强到令人难以置信的战士的呢？说令人难以置信，是同中国的那部充满折中妥协的历史比较而言的，但他们却身经百战，经历过封锁、缺盐、饥饿、疾病、瘟疫，最后还有那六千英里的历史性"长征"，（中央红军）穿过中国的十二个省份，冲破千千万万国民党军队的阻拦，终于胜利地出现在西北的一个强大的新根据地上。

——选自《红星照耀中国》第4页

共产党人现在正在写一部长征的集体报告，由好几十个参加长征的人执笔，已经有了三十万字，还没有完成。冒险、探索、发现、勇气和胆怯、胜利和狂喜、艰难困苦、英勇牺牲、忠心耿耿，这些千千万万青年人的经久不衰的热情、始终如一的希望、令人惊诧的革命乐观情绪，像一把烈焰，贯穿着这一切，他们不论在人力面前，或者在大自然面前，上帝面前，死亡面前都绝不承认失败——所有这一切以及还有更多的东西，都体现在现代史上无与伦比的一次远征的历史中了。

——选自《红星照耀中国》第184页

生1：我认为红军是人。因为他们都是平常人，有平常人的喜怒哀乐和好恶。比如，毛泽东接受斯诺采访时，翻找衣服里面的虱子；彭德怀是一个愉快爱笑的人；李克农是一个爱开玩笑的人。

生2：我认为红军是"疯子"。他们面对困难坚定不移，把个人生死置之度外，如在飞夺泸定桥时，红军战士攀着铁索，脚下是湍急的河流，对面有敌军阻截，空中有敌机轰炸，但他们竟能在这种情形下夺取了泸定桥，这在西方人看来是不可思议的事，他们认为这些红军简直就是"疯子"。

生3：我认为红军是神。红军创造了诸多奇迹：在敌人围追堵截的情况下，他们翻越数座大雪山，渡过几十条河流，穿过沼泽遍布的草地，最后胜利会师。

明确：救国救民、独立自主、顾全大局、同人民群众生死相依……是信念的力量，让普通人成为神啊。

评价量表：

指标	要求	等级	自评	互评
概括	围绕中心，抓住要点；简洁明了，指代清楚；角度一致，表达连贯	A		
	围绕中心，抓住要点；追求简洁，指代较清楚；角度一致，表达较通顺	B		
	中心较明确，要点不突出；语义拖沓，指代不明；角度混乱，表达不通顺	C		

（二）辨

1. 军民角度。

问题："讲好中国故事"节目组想邀请你讲述，我最喜爱的领袖人物"爱民亲民"的故事。

士兵口吻：他对弟兄的忠诚是尽人皆知的……他喜欢在军营里散步，跟士兵们坐在一起，说故事，同他们玩耍……我们任何一个士兵都可以直接向总司令诉说——事实上我们往往这样干。朱老总叫唤我们（他的兄弟）就脱下自己的帽子。他在'长征'中把马借给我们队伍中倦劳的弟兄，自己走很长的路，感觉他永远也不知疲倦。

百姓口吻：你瞧，司令部就那间一个不怕轰炸的小屋，四面围着许多同样的小屋，我们农民都住在那里。唯一不同的是，周恩来的司令部门前，有一个哨兵。他的屋子里面很干净，陈设非常简单。土炕上挂的一顶蚊帐，是我们老百姓唯一可以看到的奢侈品。他炕头放着两只铁制的文件箱，其中一张木制的小炕桌就是他的办公桌。他的生活极其简朴、关心我们的疾苦。

2.历史角度。

问题："民为贵，社稷次之，君为轻。"（《孟子》）可谓是民本思想的先声，请结合以下资料，谈谈你对"爱民与亲民"的理解。

《管子》中说："道之纯厚，遇之有实，虽不言曰吾亲民，而民亲矣。"

《春秋左氏传》中说："国之兴也，视民如伤，是其福也；其亡也，以民为土芥，是其祸也。"

《六韬》中说："善为国者，御民如父母之爱子，如兄之慈弟也。见之饥寒则为之哀，见之劳苦则为之悲。"

明确：深入百姓，亲近人民，与人民产生情感上的共鸣。爱民与亲民是一种大品质。

生1：书中讲到毛泽东、周恩来、朱德、彭德怀等一个又一个伟大的人物。他们虽出身平凡，却凭着救国救民的信念、一颗为人民奋斗的心，壮大了人民军队，缔造了新中国，造就了今天我们的美好生活！他们毫无领导架子，与战士们同甘共苦，吃食普通，衣着简朴，磨难受尽，却难掩他们那拳拳爱民之心。

设计意图：语言运用是语文学科教学的本质属性，是培养学生语文核心素养的基础。根据《义务教育语文课程标准（2022年版）》的表述，语言运用主要是指"学生在丰富的语言实践中，了解国家通用语言文字的特点和运用规律，初步形成良好语感、个体语言经验、正确运用语言文字的意识和能力"。文本语言学习与运用是思辨性阅读教学的出发点和落脚点。此环节，重在引导学生多角度体悟爱民与亲民思想，透彻分析"红星照耀中国"的主要原因。

评价量表：

指标	要求	等级	自评	互评
表达	观点鲜明，有说服力；表达准确，用词贴切；把握特征，词简理周	A		
	观点明确，分析较清楚；表达准确，用词得当；关注特征，概括全面	B		
	观点较明确，分析不清楚；表达模糊，用词欠妥；特点不突出，概括片面	C		

（三）绘

问题：搜集不同版本《红星照耀中国》（如河北人民出版社、作家出版社、人民教育出版社等）的封面进行比较，选取一个你认为与红星内涵最贴

①

②

③

切的封面，说明理由。若认为都不贴切，还可以自行创作设计。

生1：我喜欢封面③的设计，封面人物是一位英姿勃发的红军小号手，头戴八角帽，腰挎手枪，手举军号，迎着朝阳，吹奏着前进的号角，他是红一团教导营总支书记——谢立全。这个红军小号手代表着前仆后继、英勇不屈的红军战士形象：他吹奏的号角象征着民族解放的"抗战之声"。

生2：这是我借鉴网上资源绘制的封面设计图，比较③的设计会发现：新的设计将号手形象放大，增添党旗、星光、地图等背景，更能体现红星精

神的丰富与深刻。只有在中国共产党的领导下，全民一心，才能共创美好生活。

（四）写

问题：今年是作者埃德加·斯诺诞辰117周年，请你结合自己的阅读体验，给他写一封感谢信，感谢作为记者的他对真实的追求。

生1：

斯诺先生您好！

您是一位非常专业的新闻工作者，您用幽默轻松的语言，客观理性的视角，独到的观察与思索，让《红星照耀中国》有着非同寻常的文学魅力。您冒着生命危险，采访了大量生活、战斗在红色中国的人物，其中包括中国共产党和红军的领袖人物，有毛泽东、周恩来、朱德、彭德怀、徐海东等，也有普通的红军战士和革命群众，通过对这些人物语言和行为的记录，展现了中国革命的理念、信仰、政策、群众基础等，同时也记录了多位领导人的成长、革命历程。其中很多内容都是首次对外公布，甚至是唯一一次公布，都是非常珍贵的历史资料。

感谢您忠实记录，让《红星照耀中国》历经几十年而不衰，始终闪耀着璀璨的光芒。

读者：8·1 赵哲

2022年2月

设计意图：《义务教育语文课程标准（2022年版）》指出："义务教育语文课程培养的核心素养，是学生在积极的语文实践活动中积累、建构并在真实的语言运用情境中表现出来的，是文化自信、语言运用、思维能力、审美创造的综合体现。"阅读教学是语文教学的重要组成部分，思辨性阅读是培养学生核心素养的重要途径。秉持整本书阅读原则，引导学生沉浸文字，积极融合，运用多学科知识，深化、完善对红星精神的理解，获得独特的阅读体验，受到精神的洗礼，坚定爱祖国、爱人民的志向。

（五）展

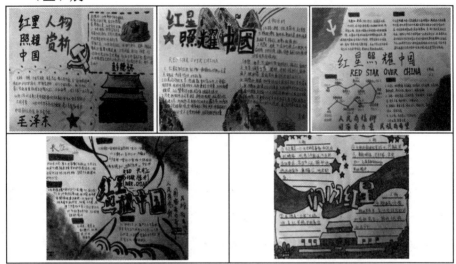

评价量表：

指标		具体要求	评价
主题	A.出色完成	主题鲜明	
	B.任务达标	有主题，但不突出	
	C.继续加油	无主题	
内容	A.出色完成	展现经典形象或结合重要事件的鲜明特点	
	B.任务达标	借助经典形象或重要事件进行设计，但不突出	
	C.继续加油	没借助经典形象或结合重要事件进行设计	
版面		图文并茂；排版美观；文字为主；书写认真	

教师点评："展"的环节，是支架式阅读的成果部分，既是对"读""辨""绘""写"的整合与再加工，又是对红星精神的内化与体悟。将语文训练要素设计于整本书阅读中进行实践，是落实课内外融合的具体体现。

课堂总结：民心所向，国之根本，我泱泱中华，正是因为以民为本，团结一心，才开创了这美好的新生活。读《红星照耀中国》吧，体会经典的深邃与魅力，丰富自己的精神，指导未来的生活。

五、作业设计

党的二十大报告中，习近平总书记说："江山就是人民，人民就是江山。

中国共产党领导人民打江山、守江山，守的是人民的心。"

请结合《红星照耀中国》，谈一谈"爱民与亲民"的现实意义。

【设计反思】

《红星照耀中国》是一部彰显着中国共产党人精神风貌与初心使命的红色经典，其阅读不能仅仅停留在泛故事化的阅读目的上，而应深刻理解这部书"用故事讲精神"的特征，本节课阅读设计与实践正是围绕"红星必能照耀中国"这个大概念展开的。

尝试引导学生沉浸于活动场中，习得阅读能力。整本书阅读推进课的关键是如何推进整本书阅读的深度和效度，学生在整本书阅读过程中可能遇到阅读障碍、思维障碍，这需要教师巧妙地创设活动场，设计紧承阅读主题的问题链。"主题手抄报设计"的邀请函，把阅读融入了生活，激发了学生策划、设计、实施的积极性与主动性。学生沉浸于"读""辨""绘""说""展"的活动场中，既是对作品故事内容再挖掘，又是对红色革命精神的深刻体悟。

力图引导学生沉浸于思辨中，养成阅读素养。学生在相互激发的活动中，在问题链的引导下，逐渐打开了思辨之门，逐步对文本内容进行了梳理、思考，选定了"以民为本、伟大领袖、威武之师、人间正道"等研读方向之后，就会根据自己喜欢的阅读方向，积极、主动地进行深度阅读。

"红星照耀中国"的原因有哪些呢？阅读者沉浸于活动，先读经典，再思辨原因、绘制封面、撰写书信，最后展出作品。"读"环节，小组内、小组间会结合文段内容交流、探讨。"辨"实现了文字与人物精神的探讨，"绘""说"二字更是搭建了阅读生活化的桥梁，封面的选择又调动了学生的多学科知识储备。"展"是对以上环节的总结与深化。每一个小活动都需要学生去思考、分辨、筛选与评价，每一次小任务的完成过程又都是沉浸活动、深度思辨的实践过程。沉浸阅读作为一种有目的的、自主的阅读过程，对于提升学生的阅读能力与语文素养有着十分重要的意义。

阅读即成长，当体验与思辨填满阅读的间隙时，作品便在不知不觉中融入读者的人生。整个设计围绕一个核心问题，创设一种真实情境，助力了一场深度阅读。真正为学生收获经典价值，搭建了科学的阅读支架。

学会一种阅读方法，厚植精神成长沃土
——以《骆驼祥子》为例
青岛三十四中　王惠新

　　《骆驼祥子》是七年级下学期学生必读名著之一。小说以祥子的生活遭遇为中心，以"三起三落"为叙事主线，结构清晰，学生能够整体把握其内容，但是作品背景距离学生较远，深度阅读很难实现，为此，教师尝试以圈点批注法为支架，引导学生实现深度阅读。

　　《义务教育语文课程标准（2022年版）》指出："义务教育阶段要激发学生读书兴趣，要求学生多读书，读好书，读整本书，养成良好的读书习惯，积累整本书阅读的经验。"这对学生阅读提出了具体要求：不能把阅读当作"任务"，而要变成"习惯"，不能光"读整本书"，要掌握阅读方法与经验。例如，《西游记》可采用精读和跳读相结合的方法；《海底两万里》主张快速阅读；《骆驼祥子》可运用圈点批注法。

　　在整本书阅读中，学生使用批注会让读书更加高效。"批"即批语，指对思想内容、观点见解、遣词炼句等加以评论或质疑；"注"，就是注解，如对难字生词、文章背景等加以解释。"批注"就是把批语和注释随手批写在书中的空白地方，以帮助理解。按照内容可分为以下几种形式。

　　1. 赏析式：从关键词、修辞手法、细节描写等方面进行赏析。

　　如：他的腿长步大，腰里非常的稳，跑起来没有多少响声，步步都有些伸缩，车把不动，使座儿觉得安全，舒服。说站住，不论在跑得多么快的时候，大脚在地上轻蹭两蹭，就站住了；他的力气似乎能达到车的各部分。脊背微俯，双手松松拢住车把，他活动，利落，准确；看不出急促而跑得很快，快而没有危险。就是在拉包车的里面，这也得算很名贵的。

　　批注：这一段人物描写，从装束、体态、身段，到靠力气吃饭的人所引以为豪的体能、体力以及品性人格都写得很精彩，把一个活生生的祥子呈现在我们面前。

2.评价式：对书中的人物、事件、写作手法等进行评价。

如：外面的谣言他不大往心里听，而马路上站满了武装警察与保安队，他也不便故意去找不自在，也和别人一样急忙收了车。

批注：山雨欲来风满楼。作者看似描写祥子专心致志地拉车，两耳不闻窗外事，却不露痕迹地介绍了动荡不定的时事。貌似闲笔，实则大巧，颇具匠心，暗示并推动情节发展。

3.感想式：就文章内容写出自己的感想或者想象。

如：他不愿再走，不愿再看，更不愿再陪着她；他真想一下子跳下去，头朝下，砸破了冰，沉下去，像个死鱼似的冻在冰里。

批注：一个曾经勤劳坚忍、有奋斗目标的人最后却沦为社会垃圾，这不就是可悲的人生吗？也许这才是现实，残酷、悲哀、无可奈何。

4.质疑式：针对阅读内容提出疑问。

如：体面的，要强的，好梦想的，利己的，个人的，健壮的，伟大的祥子，不知陪着人家送了多少回殡；不知道何时何地会埋起他自己来，埋起这堕落的，自私的，不幸的，社会病胎里的产儿，个人主义的末路鬼！

批注：造成祥子悲剧的原因到底是什么？

运用圈点批注法能很好地帮助学生阅读文本内容，加深学生阅读印象，提高学生阅读效率。但学生在运用的过程中容易流于形式，还要进一步规范练习。为帮助学生更规范地使用圈点批注法，首先要注意以下事项：

一是圈点勾画符号固定。不同符号统一含义，不随意更换，勾画符号不应过多，才能对勾画记录一目了然。

二是圈点勾画有重点，切忌随意。圈点勾画的内容要精简明了，对有意义处进行勾画记录。

三是批注要简洁适度、字迹工整。批注要言之有物，但又不宜过于烦琐，用语准确便可。除此之外，批注应该在理解的基础上动笔墨，似懂非懂之处应谨慎下笔。

四是圈点语句应是文本特色之处、人物变化片段、有思想的句子、主旨句、语言优美句、见解新颖句、需要积累句等。

五是为方便学生圈点勾画符合实际使用，做出以下建议性规范，文本特色用蓝色笔"~"，人物描写或变化片段使用红色笔"="，思想性较强或主旨句使用"＿"，环境描写句使用"（ ）"，见解新颖句使用"{}"，需要积累句使用"~"，语句优美使用"[]"，有疑问之处用"？"，需注意或有感想之处用"！"，精炼词语用"·"。

原文：这一天特别的晴美，蓝天上没有一点云，日光从干凉的空气中射下，使人感到一些爽快的暖气，鸡鸣犬吠，和小贩们的吆喝声，都能传达到很远，隔着街能听到些响亮清脆的声儿，像从天上落下的鹤唳。洋车都开了布棚，车上的铜活闪着黄光。便道上骆驼缓慢稳当地走着，街心中汽车电车疾驰，地上来往着人马，天上飞着白鸽，整个的老城处处动中有静，乱得痛快，静得痛快，一片声音，万中生活，都覆在清爽的蓝天下面，到处静静地立着树木。

批语：祥子因为战胜刘四，心情大好，心无挂碍，于是感官全开，能够注意周遭的人事景物，触觉、声音、颜色，构成一幅生动的视听触觉画面图。画面景物在祥子心中是鲜活的、欢欣的、热闹的，祥子的心与景物融为一体也是热烈的、快乐的。鸡鸣犬吠、吆喝声、嘈杂声音混成一片，然而祥子心情明朗便不觉烦躁，从中感受到热烈的生活气息。洋车、骆驼、电车、人马景物急速变换，祥子目不暇接，映衬着此时他轻快的心情。

原文：灰色的树，灰色的土地，灰色的房屋，都静静地立在灰黄色的天下；从这一片灰色望过去，看见那荒寒的西山。

批语：祥子得知小福子的噩耗后来到白房子，祥子的心情与颜色相称，是黯淡的灰色，树、土地、房屋，意象的叠加有一加一大于二的效果，使情感更加浓郁，更凸显祥子心情的灰暗。荒寒的西山、冷淡的色调与寒凉的触感，象征着祥子内心的荒芜。

原文："大个子"三个字把祥子招笑了，这是一种赞美。他心中打开了转儿：凭这样的赞美，似乎也应当捧那身矮胆大的光头一场；两块钱是两块钱，这不是天天能遇到的事。

批语：祥子喜欢他人的赞美，是一个希望别人认可、爱面子的人。

一、制订阅读计划

按照"双减"提质增效的要求，本次阅读计划以及阅读任务以小说阅读的几个要素为切入点，激发学生阅读兴趣，提升学生阅读质量，培养学生整本书阅读的能力。在实施过程中，依托教材结合学情，统筹整本书阅读，充分利用圈点批注的读书方法，按四个阶段设计阅读计划和任务：

第一阶段：通览全书——梳理故事情节，圈点重要事件。

第二阶段：选点品读——批注人物描写，分析人物形象。

第三阶段：跳读课文——圈点相关内容，挖掘悲剧根源。

第四阶段：精读研读——批注环境描写，圈点京味语言。

【阅读目标】

1.感知小说内容，理清小说情节。

2.能对小说中的人物进行分析和评价。

3.领悟小说的社会内涵，读懂小说所反映的社会主题。

4.赏析作品中的环境描写和京味语言。

【第一阶段】

通览全书——梳理故事情节，圈点重要事件。

【任务一】

小标题可以简练明了的概括章节中的人和事，请大家为本书的24个章节各拟一个合适的小标题。

章节	标题	章节	标题
第一章	健壮小伙拉洋车 风雨三年美梦成	第十三章	
第二章		第十四章	
第三章		第十五章	
第四章		第十六章	
第五章		第十七章	
第六章		第十八章	
第七章		第十九章	
第八章		第二十章	
第九章		第二十一章	
第十章		第二十二章	
第十一章		第二十三章	
第十二章		第二十四章	

【任务二】

依据图示，概括祥子买车三起三落的内容，批注其内心感受。

批注：

【第二阶段】

选点品读——批注人物描写，分析人物形象。

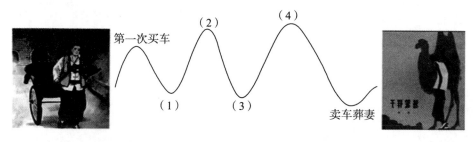

【任务一】

请同学们为主人公祥子及其他对祥子影响较大的人物制作简介卡。

项目	年龄	家庭背景	职业	健康状况	性格特点	生活规划
祥子						
虎妞						
小福子						

【任务二】

请同学们圈点批注能够表现祥子前后变化的人物描写并完成以下表格。

圈点	批注
"整整的三年，他凑足了一百块！"	"整整"两字看出祥子在存钱买车的三年中吃了不少苦，遇到过不少困难，体现了祥子开始时坚韧不拔的精神
"祥子的手哆嗦得厉害，揣起保单，拉起车，几乎要哭出来。"	"哆嗦""揣起""拉"三个动词生动地体现出祥子实现梦想时的激动之情
"睡不着，他真想偷偷起来，到曹宅再看看。反正事情是吹了，院中没人，何不去拿几件东西呢。自己那么不容易省下几个钱，被人抢去，为曹宅的事被人抢去，为什么不可以去偷些东西呢？为曹宅的事丢了钱，再由曹宅赔上，不是正合适吗。这么一想，他的眼亮，登时忘了冷。"	从这些话可以看出祥子变了，以前的祥子心地善良，为人正直、老实。如今，丢了几十块钱，便产生了去偷的念头，可见祥子已经越过老实的底线，虽然最后没有去偷，但他还是变了

走近祥子				
关键时间点	外貌	心理	对人的态度	对事的态度
挣得第一辆车				
第一辆车被抢				
回人和车厂，去杨家拉包月				
到曹家拉包月				
看见老车夫和他孙子				
钱被孙侦探敲诈走				
被逼和虎妞成亲				
再次拥有一辆车				
卖车葬妻				
小福子死了				
不能拉车				
批注：发现祥子在外在形象、思想品格、为人处世等方面的巨大变化				

【第三阶段】

跳读课文——圈点相关内容，挖掘悲剧根源。

祥子最终走向毁灭的命运悲剧给我们带来强烈震撼，精读自己重点圈点批注的章节，并查找资料，以思维导图的形式分析其悲剧根源。

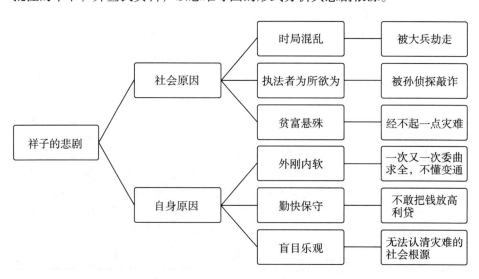

【第四阶段】

精读研读——批注环境描写，圈点京味语言。

【任务一】

重点阅读"在烈日和暴雨下拉车"的情节，对比分析烈日之毒，暴雨之烈，思考环境描写的用意。

烈日暴雨无希望，强撑拉车终病倒			
烈日之毒	祥子的表现	暴雨之烈	祥子的表现
空中，屋顶上，墙壁上，地上，都白亮亮的，白里透着点红；由上至下整个得像一面极大的火镜，每一条光都像火镜的焦点，晒得东西要发火。在这个白光里，每一个颜色都刺目，每一个声响都难听，每一种气味都混合着由地上蒸发出来的腥臭	这是一天里最热的时候，又赶上这一夏里最热的一天，可是他决定去跑一趟	风过去了，只剩下直的雨道，扯天扯地地垂落，看不清一条条的，只是那么一片，一阵，地上射起了无数的箭头，房屋上落下万千条瀑布。几分钟，天地已分不开，空中的河往下落，地上的河横流，成了一个灰暗昏黄，有时又白亮亮的，一个水世界	他就那么半死半活的，低着头一步一步地往前拽。坐车的仿佛死在了车上，一声不出地任着车夫在水里挣命
批注			
老舍先生实际上是在表达对社会的不满。在统治阶级的剥削与压迫下，穷苦人民举步维艰，要么走向死亡，要么反抗。在新的社会革命力量没有形成之前，平凡的民众是看不到希望的，所以只能慢慢地走向死亡			

【任务二】

老舍创造性地运用北京市民口语，给朴素平凡的语言增添了亲切、新鲜、恰当、活泼的味儿，学生可选择文中令自己印象深刻的京味语言进行圈点批注。

京味语言	批注
高妈劝祥子放钱："告诉你，祥子，搁在兜儿里，一个子儿永远是一个子儿！放出去呢，钱就会下钱？没错儿，咱们的眼睛是干什么的？瞧准了再放钱，不能放秃尾巴鹰。"	"兜儿、子儿、没错儿"等儿化音的运用，俯拾即是，使小说语言显得十分亲切，从而使小说更贴近老百姓生活

【阅读活动】

本次活动围绕"祥子成功入驻微信"展开，贴近当代学生生活，学生兴趣浓厚。活动共分为四大环节：

1. 为祥子设计朋友圈封面图并附一句个性签名，要求设计可供祥子更换并能体现祥子情绪变化的背景图，并说明设计灵感。

2. 设计祥子微信好友列表，为每位好友起一个符合其人物形象的昵称并标注原文依据。利用"好友列表"设计，引导学生感知人物形象，梳理名著中人物关系。要求以微信通讯录形式呈现，设计分组、昵称、头像等。同时，学生需要备注昵称来源。这一点引导学生从感性认知回归到对于文本的分析，也再一次引导学生落实圈点批注的读书方法。

3. 撰写祥子朋友圈文案，祥子一生浮沉起落，学生深入剖析祥子在人生关键节点的内心世界，为其表达，为其发声。此过程帮助学生将思维中整合好的内容结构化、系统化，有创意地输出阅读成果，在这一过程中逐步实现小说的深度阅读。

4. 为祥子撰写人物小传进行微信推广，以期引起社会大众对人力车夫这一行业的深入了解，为他们谋取更多的福利，使小人物也能在社会中安身立命。

整本书阅读应结合现代网络资源，从学生的兴趣点出发，拉近学生与名著的距离。真正的阅读兴趣是学生在一个人阅读时，依然保持这种阅读的兴味，从而使其行得更远，潜得更深。

二、教学反思

（一）爱上阅读，步入书海

兴趣是阅读的第一原动力，只有对阅读产生浓厚兴趣，学生才会积极主动地思考。学生的思维发展是一个由量变到质变的发展过程，大量阅读、积累语言，会促使他们思维产生质变。随着阅读量不断增加，知识不断融合，学生思维能力将会大幅度提升。本篇通过阅读活动调动学生阅读兴趣，为学生积极主动阅读提供动力，为学生的质变提供营养基础。

（二）学会阅读，畅游书海

《骆驼祥子》是继《西游记》之后，初一学生必读的第二部小说，重点要求学生掌握圈点批注的阅读方法。阅读前先抛出圈点批注法并带领学生规范化使用，为学生后期整本书阅读提供方法支持，能够有效避免盲目阅读和肤浅阅读。使用圈点批注法，学生不再被动阅读，而是主动探究文本内容，以自己独特的视角品读文本，进而使学生在理解认同基础上进行创造性阅读，推动思维发展。

（三）潜心阅读，撬动灵魂

阅读是一个人精神成长的基石。一个人的阅读史就是他的精神发育史，阅读深度也与精神高度呈正相关。深度阅读能使我们获得从现象到本质、从特殊到一般的深刻认识，满足人们对思维广度和深度的发展诉求，丰富和完善情感体验与审美体验，从而培养高阶思维能力。在新课程背景下，阅读与思考同在，意味着在阅读时，我们要不断探索阅读方法、积累经验，使阅读走向文本深处。本篇通过圈点批注法，关注学生阅读过程中的问题导向、个性化、创造性等因素，借助主题阅读，专题活动，利用现代媒体技术，丰富学生精神世界，实现与文本的深度连接。

第三节　项目式阅读

　　项目化阅读是以阅读为主题开展的项目式学习（PBL），即围绕一定的驱动型问题，有效组织阅读活动，创造性解决问题的阅读策略。该阅读策略使得阅读结构化、体系化，不流于形式与浅表，旨在激发学生阅读兴趣，掌握阅读材料的内容；倡导多样化阅读，提升学生阅读能力，收获阅读素养。

探寻成长的密码

——以《简·爱》为例谈教育戏剧在整本书阅读中的实施策略

青岛市胶州瑞华实验初级中学　史　欣

　　《简·爱》是统编教材编者精挑细选的外国小说名著代表之一，小说以第一人称叙述女主人公简·爱跌宕起伏的成长经历，具有一定的思想内涵、文学价值和教育意义。现在《简·爱》整本书阅读教学还存在一些问题：一是教学内容单薄，局限于对书本结构内容、思想主题、叙事视角和小说要素的讲解，将名著教学变成了应付考试测验的知识点教学。二是教学方法单一，教师一贯做法是让学生自主阅读完成，然后摘抄语句，完成读书笔记。圈点勾画式读书法是必要的，问题在于学生往往把摘抄变成通篇抄搬原文，或者毫无重点的流水账，应付了事。三是教学模式固化，教师采取固定的教学环节进行讲授，先整体梳理情节，然后分析人物形象，思考环境描写作用，最后揭示整本书的中心主题。这样的教学忽视了学生与文本之间的内在联系，学生未能有效激发起阅读兴趣，缺乏深入探究文本内容的主动性，更谈不上获得深刻的审美与情感体验，帮助自身个性成长发展。

　　针对名著教学中存在的问题，教师可以将教育戏剧作为整本书阅读的辅助教学手段。教育戏剧教学法具有以下特点：教育教学中融入一定的戏剧技巧和戏剧元素、重视学生的互动与体验、尊重学生对文本内容创造性生成过程、重视学生在教学过程中素质提升。教育戏剧辅助下的《简·爱》阅读重在切身体会文本内涵，促进学生对整本书阅读的兴趣，深度进行文本剖析，从而实现对学生语文素养的培养。这样才能达到新课标对于整本书阅读教学的要求。本文就教育戏剧具体怎样渗透在《简·爱》整本书教学中浅谈教学策略。

一、导读课：教师入戏，初识《简·爱》

教师入戏是教育戏剧中非常有代表性及常用的范式。教师扮演小说中的某个角色，或者以作者的身份进入课堂，创设贴近生活的学习情境，引起学生阅读兴趣，使学生快速进入学习状态。在《简·爱》第一课时，教师运用"教师入戏"这一范式，扮演简·爱与学生们打招呼："大家好，我是简·爱，来自维多利亚时代的英国，我相貌平平、自幼父母双亡、遭遇亲戚虐待，老师不公体罚，生活到处艰难，但我的人生可谓是逆袭。我是如何做到的？请快从书里找答案吧！"

教师运用贴近学生生活的自述，便于学生想象简·爱的形象，激发学生兴趣，使他们一起入戏。然后由入戏到出戏，教师回归引导角色，带领学生讨论制订阅读计划，借助易卡通引导学生了解书本结构（目录、前言、后记等）作者简介和创作背景，阅读全书并概括内容，用思维导图梳理人物关系和故事情节，为深入探究内容奠定基础。

二、推进课：角色扮演，走入《简·爱》

（一）超时空对话《简·爱》

当学生对《简·爱》进行初步阅读之后，教师可以在课堂中组织整本书阅读讨论活动。本书第一至第十章写了简·爱从盖茨海德府到洛伍德学校，从幼年到青年的成长历程，其间她遭遇里德太太一家的欺侮，也结识了同窗好友海伦和恩师谭波儿小姐，遇到了许多人，也读了很多书，这些人与简·爱一同成长，目睹简·爱从敏感孤僻的可怜女童成长为自强不屈的独立女性。课堂借助角色扮演的教学戏剧范式，引导学生与简·爱进行超时空对话，感受简的内心深处，探索主人公的成长。

课前以"灵魂画手绘简·爱"小游戏导入：同学们记得简·爱最擅长的技能点是什么吗？请大家用笔描绘你心中的简·爱，并结合书本内容阐述理由。

生1：从第22页阿博特小姐回答说"要是她是个漂亮可爱的孩子，那她的孤苦伶仃也能让人同情"可以看出简样貌普通，不漂亮。

生2：根据第95页简·爱的内心独白"有时候真盼望自己有红润的脸蛋……五官这么不端正，特征又这么显著"来看，简脸色不好，个子矮，嘴大，长得不好看。

1. 与"他"对话：

这样普通低微、毫不起眼的简·爱为什么能获得罗切斯特先生的青睐呢？古人云"言为心声"，好的语言描写让读者从个人有特色的谈话中来推见每个说话的人物，下面我们结合书里人物对话，探寻简·爱的成长路程，请同学们将印象深刻的对话标注出来，和同位分角色朗读，揣摩人物语气。

生1：第四章从简·爱反击里德太太的对话中感受到简的不屈，反抗意识开始觉醒。

生2：第九章从在听说海伦就要死了的时候，简·爱从宿舍里偷偷溜出来去找海伦的话里，感受到简不顾被传染风险，关心海伦，体现出简关心朋友、勇敢无畏的特点。

2. 与简对话：

师：在未来的成长中，这种仁义勇敢、不屈不挠必然帮助她坚定追求自由自尊的信念；帮助她对抗人性深处贪婪虚荣的阴暗；帮助她反抗他人的欺辱伤害，完成了一个纷争者的逆袭。在简的成长过程中，她也常常会对话自己，回应自我。请一位同学范读，大家感受简·爱的心理。

PPT出示：我不明白，穷人怎么会待人好，何况还要学得像他们那样说话，养成他们那样的举止，变得没有教养，长大后成为了穷女人，就像有时候我在盖茨海德村见到的那些女人那样，他们常常在自己的茅屋门前洗衣服，奶孩子。不，我还没有足够的英雄气概，宁愿降低身份去换取自由。

生：简·爱小小年纪就意识到这种生活是堕落的，她面对生活的苦难，仍然保持清醒的认识。

师：简·爱命运多舛，但她能清晰地认清自己的处境，做出理智判断。这份理性尽管让简尝到苦果，也引领她走向反叛、重塑自我。

3. 与书对话：

师：除此之外，书籍也伴随着简·爱成长，简在前十章里读了哪些书？

生1：她读过《英国禽鸟史》，虽然简当时理解力不强、鉴赏力也不够，但她觉得非常有趣，为简提供了一份安宁。

生2：简·爱还读《罗马史》，阅读史书帮助简·爱对历史人物有自己看法和是非观。

师：在书本的陪伴下，简·爱汲取丰富知识，获得心灵愉悦，濡养精神世界，健康成长。

4. 与你对话：

师：在成长中，简·爱与他人对话，与自我对话，与书本对话，以自立不屈来直面苦难，以豁达胸襟来面对不公，以有力行动来抗争命运。想象如果你是成年后的简·爱，得知里德太太病得很重，你会作何反应？

生1：我是简·爱的话，可能还会讨厌里德太太，但是也会同情她。

小结：洛伍德学校的生活让简·爱的学识越发渊博，情趣更加高雅，待人接物越发张弛有度，在简·爱选择离开学校，前往桑菲尔德庄园时，磨难的洗礼让她绽放出绝世独立的魅力。

（二）水镜台编演《简·爱》

《课本剧的编、排、演》中定义："课本剧，是指根据语文课本中的有关课文，改编成适合于学生演出的戏剧，他力求充分表达原文主要内容和主题思想，尽量运用原作的语言动作和主要情节，以塑造主要人物形象，从而在舞台上，更好地体现出课文内涵。"《简·爱》的人物形象、故事情节和环境描写与戏剧中的人物台词、戏剧冲突、舞台说明高度吻合，具有改编戏剧的先天优势。学生阅读后，围绕母题"抗争与独立"，设置驱动型问题，有针对性地进行改编。学生在剧本编写的过程中，既能加深对文本的理解，又能借助小组合作的形式来实现思想的碰撞，促进阅读能力、文本分析能力和写作能力综合的提升。剧本编写结束后，学生需要进行戏剧排练与表演工作。学生在整个过程根据评价量表对自己的整个学习活动及成果进行自评和他评，评价包括很多内容，可以对剧本进行评价，可以对学生的表演进行评价，这样能够更好地丰富整本书阅读的形式，也能够促进学生多方面素养的提升，让整本书阅读变得更加有趣。

驱动型问题：

本校金秋艺术节即将到来，现阶段学校面向各班级征集表演节目。本班学生经商议后决定表演课本剧，你作为其中一员，请你为班级课本剧表演贡献自己的力量。

任务一：学习编写剧本

1. 借助微课堂，学习课本剧及改写方法与要求。

2. 根据要求，发挥想象，将小说改编课本剧。

简·爱一生历经磨难，在面对命运的不公、磨难的蹂躏、爱情的风云变幻时，一次次毅然果敢的选择体现了简·爱的坚定与智慧，让无数人为之着迷。请同学们以"抗争与独立"为主题，围绕简·爱四次抉择，根据小说相关故事情节编写并演出一部四幕课本剧。

第一幕：顺从与反抗（简·爱面对欺侮，选择公然与里德太太抗争。）

第二幕：墨守与自由（简·爱选择离开洛伍德学校，另谋他路。）

第三幕：爱情与尊严（简·爱得知婚姻真相后，选择离开罗切斯特。）

第四幕：屈从与反抗（简·爱面对圣约翰的反复求婚，断然选择拒绝。）

任务二：戏剧准备与排练

1. 学生以组为单位，结合剧本编写评价量表，合作修改剧本，推选最佳作品参加班级优秀剧本评选会。

2. 以最佳剧本为内容，学生自行组织四个剧组，明确分工，认真排练。

附：剧本编写评价量表

项目评价要点	分值	得分
情节内容完整，符合原著故事发展；选取典型事件体现人物性格；事件具有强烈的矛盾冲突	3	
台词能充分地表现人物的性格、身份和思想感情；语言通俗简练、口语化；能将书中心理描写改成对话或旁白	3	
有适当的舞台说明；语言要求简练、扼要、明确	2	
主题鲜明准确，在尊重原作的基础上有所创新	2	

任务三：戏剧演出与评议

在校园艺术节开始前，本班决定在班级内部举行一场课本剧表演，请你参与其中。

1. 制作节目单。

2. 推举主持人，准备节目串词。

3. 制作邀请函，邀请评委，并制定最佳剧组评分标准。

4. 各剧组进行课本剧表演。

5. 根据以下评价量表，进行最佳演员评选活动。

课本剧表演评价量表：

项目评价要点	分值	得分
表演生动、形象，能体现人物性格；感情流露自然得体	3	
演员吐字清楚，发音标准；服装、道具符合剧情；动作、手势与内容相符，贴合人物性格	3	
较好地利用舞台说明，与其他角色配合默契	2	
表演与观众产生共鸣，有感染力，有一定的教育性和观赏性	2	

三、探究课：提问角色，回首《简·爱》

提问角色又叫坐针毡，即老师或观众提出问题，表演者回答问题。提出的问题需要与故事内容息息相关，提问者要绞尽脑汁寻找细节发问，表演者要想从容不迫地回答问题，就要通过换位思考揣摩角色的性格、处境、感觉、想法，全身心投入其中。如果表演者无法很好地回答提出的问题，就像坐在插满针的毡上般难受。这种方式可以锻炼学生表达能力，加深对书中人物形象认识，有效提升审思能力。

（一）创设情境

简·爱离开盖茨海德府八年后，里德太太得了重病，她迫切地想要找到简·爱，于是向青岛电视台《今日》栏目寻求帮助。电视台找到简·爱后，以"今日·寻亲简·爱"为主题进行访谈。

（二）活动准备

学生分为三组，分别扮演简·爱、里德太太和主持人，并根据角色完成以下任务。

1. 主持人：根据问题要求，在阅读过程中记录下想采访简·爱与里德太太的问题。

2. 里德太太和简·爱扮演者关注小说细节，分角色提前做好准备，应对主持人提问。

（三）活动过程

1. 渲染气氛，引入情境。

播放节目开场背景音乐，主持人宣读开场白，引入访谈情境。

亲爱的观众朋友们：

大家好！我是主持人小慧。为缘寻找，为爱坚守，这次我们《今日》栏目组策划了一期扣人心弦的节目——"寻亲简·爱"。之前盖茨海德的里德太太联系我们栏目组寻求帮助，她迫切地想要找到自己的外甥女简·爱，工作人员多方努力终于找到了她。在寻亲过程中，我们发现简·爱小姐与里德太太之间有很多不寻常的故事，这也引起了社会各界广泛关注。今天我们邀请两位女士亲临现场，让我们以热烈的掌声，欢迎她们的到来！

2. 角色扮演，学生互动。

主持人开始向两位嘉宾提问。扮演里德太太和简·爱的学生们回答问题，主持人随时追问，教师适时调控。

（片段展示）主持人1：里德太太，你当初为什么送简·爱去洛伍德学校？

里德太太1：我二十多岁就成为寡妇，那时独立哺育三个子女，压力很大，去世的丈夫还逼迫我去抚养他妹妹女儿。这个孩子不仅性格不讨喜，还动手打我儿子。我无法理解，她对我而言已经是个累赘了。

主持人2：你讨厌简·爱仅仅是因为简·爱性格吗？

里德太太2：这孩子天性古怪是一方面，其实我主要还是讨厌她母亲。我丈夫爱他妹妹胜过任何人，这让我嫉妒。他在妹妹去世后把简·爱接过来亲自抚养，比亲生的还珍重。我可怜的孩子们受够了父亲的偏爱，也讨厌简·爱。我没得到丈夫一点爱，却替他背负这些责任，命运对我太不公平了。

主持人3：你对当初简·爱在离开时对你的指责有怎样感受？

里德太太3：我一开始很不解，很惊讶那孩子突然有那么强烈的反抗。

然后我又觉得失望，这个孩子没有感恩心；也有点愧疚，这孩子性格这么暴躁，是我没有纠正好，我没有好好遵从丈夫的遗愿。

主持人4：如果没有这些变故，你还会去找简·爱吗？

里德太太4：会，当初我对这孩子的确刻薄，我现在很后悔，我寻找她就是希望能弥补我的错误。

主持人5：简·爱小姐，八年的时光让你放下对对方的愤恨和憎恶了吗？

简·爱1：时间已经消除了我复仇的渴望，平息了愤恨和憎恶，我现在心里对舅妈只有同情，希望彼此和好，握手言欢。

3. 自由生发，情感升华。

主持人：现在请两位走到舞台中央，把自己的心里话倾诉给对方。

每一位"简·爱"起立随机找到一位"里德太太"，两人握手或者拥抱，以角色的口吻自由对话。

主持人发表结束语：在我们的见证下，几经周折，里德太太放下误解，对简·爱进行忏悔。简·爱小姐慷慨大方地宽恕里德太太，面对生活的不公没有妄自菲薄，一扫生活的阴霾。今日节目到此结束，谢谢大家的观看！再见！

4. 布置随笔作业。

你从简·爱与里德太太之间的爱恨纠葛中得到什么启发呢？

小昆虫·大世界
——《昆虫记》跨学科教学活动设计

青岛三十九中市北分校　　王丹丹

作为第一位在自然环境中研究昆虫的科学家，法布尔对《昆虫记》投注了极大的生命热情。他以博爱的目光与炽热的胸怀，关注微观世界中的弱小生命，为它们的命运起伏，或欢欣雀跃，或扼腕悲叹。

法布尔通过不同于当时其他科学家的研究方法，俯身与昆虫为伴，细致观察、认真记录，用悲悯的目光和严谨的思维记录昆虫的生老病死，用诗意的笔法和执着的精神著写了一部有关昆虫的"史诗"，为人们提供了科学研究的新范式。

【阅读策略】

义务教育语文课程按照内容整合程度不断提升，共设置了三个层面的学习任务群。其中第三层面设"整本书阅读"和"跨学科学习"这两个拓展型学习任务群。跨学科任务群"旨在引导学生在语文实践活动中，联结课堂内外，拓宽语文学习和运用领域""组建文学艺术社团，开展相关文化活动……记录活动过程，运用多种媒介发布学习成果"，根据以上课程要求，设置如下阅读策略。

1. 培养兴趣。兴趣是全部学习活动的基础，培养关于阅读的良好兴趣，为帮助学生走进文本、领会写作意图打下坚实的基础。通过设计读书与活动相结合的方式，创建了贴合学生认知水平的实践活动，例如，通过为法布尔开通微信公众号、拍摄短视频、直播辩论会等，帮助学生梳理文本、掌握科学知识，让阅读不再停留在表面。

2. 理解鉴赏。新课标已经对语文课程性质做出了明确的界定："语文课程是一门学习语言文字运用的综合性、实践性课程。"《昆虫记》是一部颇有审美价值的科普作品，法布尔在严谨的实验观察中，借助抒情、议论以及描写等表达方式抒写胸中块垒。此外，作品语言幽默诙谐，通过阅读和学习，可以提升学生的审美创造能力、语言鉴赏能力。

3. 评论运用。在通识基础、理解鉴赏的基础之上，学生结合独到的阅读感受和自身的生活经历，依托作品展开充分的想象，通过辩证思维和联想、想象等方式，就文本呈现的主要议题"作品的文学性和科学性"，进行客观的批评和评论，锻炼思维、分析比较、归纳判断等综合能力。

【设计蓝图】

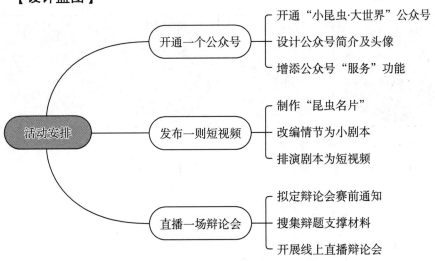

教学设计一：为法布尔开通微信公众号

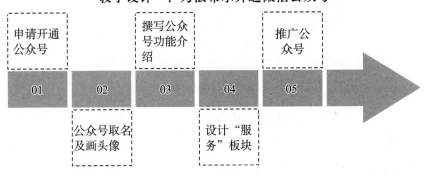

微信公众号开通流程

活动一：申请公众号

要求：请按照以下步骤，为法布尔开通微信公众号。

小贴士：微信公众号开通方法

第一步：浏览器搜索"微信公众平台"，点击官网进入。

第二步：点击屏幕右上方注册按钮，选择"订阅号"注册，填写基本信息，完成注册。

活动二：为公众号取名及设计头像

要求：请结合关键词"法布尔"和"昆虫记"为这个公众号取一个恰当的名字，并为它创制头像。

学生设计作品：

活动三：撰写公众号功能介绍

要求：突出公众号特性、语言贴近青少年。

| 功能介绍 | 参与、沟通、记录时代。 |

| 功能介绍 | 深夜十点，陪你读书，美好的生活方式。好书/故事/美文/电台/美学。 |

参考示例：

生1："与法布尔一起探秘昆虫世界。"

生2："微观、宏大、科学、人文。"

活动四：开通公众号"服务"板块

要求：请参考小贴士"微信公众号服务功能开通方法"，为公众号设计"服务"板块。所设计的功能，既能科普生物知识，又富有趣味。

小贴士：微信公众号服务功能开通方法

1.进入微信公众号，点击进入功能页面，然后点击"高级功能"。

2.点击"高级功能"后，点击"编辑模式"。

3.点击进入"编辑模式"后，会看到编辑模式是关闭的。

4.开启编辑模式，然后点击自定义菜单中的"启用"。

5.点击自定义菜单启用后，弹出提示，点击确定。

6.点击确定后，自定义菜单就开启了。

学生设计参考：

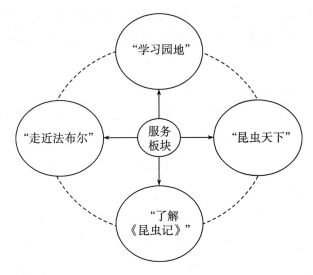

学生设计说明：

生1：走近法布尔——搜集法布尔的相关知识，从人物生平、代表作、出版图书、名言4个方面进行介绍。

生2：了解《昆虫记》——搜集《昆虫记》的相关知识，从内容简介、作品目录、成书过程、作品鉴赏（作品主题和艺术特色）、作品影响、作品评价、出版信息、作品相关、作者简介9个方面介绍。

生3：昆虫天下——梳理全书介绍到的昆虫，可按照"识图查虫""昆虫生态链""昆虫分类""昆虫之最"4个主题创设。

生4：学习园地——设计有关《昆虫记》的练习题，可按照"经典段落摘抄""精彩配图插画""我的观察日记""书本内容挑战赛"4个主题创设。

活动五：推广公众号

要求：请参考小贴士"公众号文章发布方法"为公众号撰写首篇推文，介绍公号的主要内容、相关功能、后期安排等。

小贴士：公众号文章发布方法

第一步：打开百度浏览器，并在搜索框输入"微信公众平台"并跳转。

第二步：进入"微信公众平台"界面，微信二维码扫码，选择公众号并确定。

第三步：进入公众后，找到"图文消息"，并进入。

第四步：图文界面选择"要发布的图文"，并把标题、封面等信息补全，选择"群发"。

第五步：点击"群发"，并按步骤发布图文，扫微信二维码"确定发布"，公众号发文就弄好了。

教学设计二："小昆虫·大世界"视频征集

活动一：制作"昆虫名片"，介绍昆虫信息

要求：通读《昆虫记》，自主设计阅读记录表，记录昆虫的主要信息，制作"昆虫名片"，全班展示交流。

阅读小贴士：

1. 参考统编语文课本八年级上册第123-124页阅读提示，了解科普作品的特点。

2. 读书方法指导：如何阅读科普作品？

① 借助前言、后记或附录中有关作者作品的介绍，了解作家的生平事迹、科学成就和全书的大致内容。

② 借助工具书或相关资料把握专业性较强的术语、概念，对感兴趣的话题适度拓展延伸。

③ 体会科普作品蕴含的科学思维、科学理念和科学精神，扩大知识领域、锻炼辩证能力、汲取人生智慧。

任务安排：

任务1：分三周时间读完《昆虫记》，前两周通读，整体感知；第三周精读，重点品味。将所读篇目补充到下列阅读记录表中。

	周次	周一	周二	周三	周四	周五	周六	周日
整体感知 （两周）	第一周							
	第二周							
精读品味 （一周）	第三周							

任务2：小组合作制作"昆虫名片"，包括昆虫自画像、芳名、住所、特长、食物、寿命等。

学生作品：

活动二：摘抄经典段落，赏析语言特色

摘录你认为最能表现昆虫特征的描写段落，从用词、修辞手法、写作手法、表达方式或其他角度，进行赏析。

学生作品：

段落赏析表		
段落	角度	赏析
每到夏天，它成阵地来到我的门外唱歌，在两棵高大筱悬木的绿荫中，从日出到日落，那粗鲁的乐声吵得我头脑昏昏。这种震耳欲聋的合奏，这种无休无止的聒噪，使人任何思想都想不出来了。（摘自《蝉的歌唱》）	用词	连用了"粗鲁""震耳欲聋""无休无止"三个形容词，生动形象地描写了蝉在夏天聒噪不断、响声震天的情境，表现了蝉旺盛的生命力

活动三：改写小剧本，分角色表演课本剧

视频征集启事

亲爱的同学们：

　　"小昆虫·大世界"诚心向你征集小视频了！从蝉、螳螂、蟋蟀、蝗虫中选择一种昆虫，根据法布尔的相关记叙和描写，写一个300字以内的小剧本，将昆虫的生活习性和特点演出来。请发动你们的才思，快快行动起来吧！

"小昆虫·大世界"微信公众号

要求：选取蝉、螳螂、蟋蟀、蝗虫在书中的经典情节，改编成小剧本。

> 小贴士：剧本的构成
> 剧本主要由对话、独白、旁白、场景、舞台指示等要素组成。

学生作品：

螳螂捕食蝗虫

角色：法布尔、螳螂、蝗虫

场景：田野

法布尔：快看！这是一只正在休息的螳螂，它体形矫健，上衣雅致，体色淡绿，薄翼修长。小嘴尖尖，好像生来就是用来啄食的。借助从前胸伸出的柔软脖颈，它的头可以转动，左右旋转，俯仰自如。它正双手放在胸前，仿佛虔诚地祷告一般！

螳螂：哈哈！你们又被我虔诚、温驯的模样欺骗了！我整个身躯一副安详状，是为了静静等待猎物送上门来；我的腰肢异常地长而有力，是为了向前伸出狼夹子，也是为了更好地捕捉猎物。现在一切工作都已经准备好，静待佳音！

法布尔：一只蝗虫靠近了，它根本没有注意到，在隐蔽的角落里一只与环境融为一体的螳螂，正用恶狠狠的眼光盯着它。

旁白：螳螂用它捕捉器的那三段长构件突地伸展开去，末端伸到最远处，抓住蝗虫后便收回来，把蝗虫送到两把钢锯之间。老虎钳宛如手臂内弯似的，夹紧蝗虫，可怜的蝗虫被缚得进退两难，最后一命呜呼。

螳螂：还想和我的无敌"老虎钳"斗，真是异想天开！被我夹住的小家伙，还没有一个能脱身呢！今天又要美餐一顿啦！哈哈哈哈……

活动四：排练情景剧，拍摄小视频

任务1：根据剧本要求准备服装、化妆、道具等，并选择合适的摄制仪器和摄制地点。

任务2：拍摄小视频，将小剧本排演出来，并发布到"小昆虫·大世界"公众号，设计投票系统，根据点赞数评出最佳表现奖。

教学设计三：《昆虫记》是科普作品，还是文艺作品

有人说，《昆虫记》文学性极强，法布尔的描述中充满了人文的关怀

和激情。还有人说，《昆虫记》科学性极强，法布尔通过自己坚持不懈地观察，贯彻了科学精神。你认同哪种观点？请你就支持的观点，分工合作、收集材料，组织一场班级辩论会。

活动一：辩论会会前准备工作

活动要求：请你就本次辩论会内容，拟定一份辩论会会前通知，张贴在班级宣传栏。

"昆虫记杯"班级辩论会通知

为了增强同学们的辩证思维能力，加深对名著《昆虫记》的理解，现在班级范围内，召开"昆虫记杯"第一届班级辩论会。赛事相关信息通知如下。

活动主题：《昆虫记》是一部科普作品，还是文艺作品？

正方：科普作品。

反方：文艺作品。

活动时间：

活动地点：各班教室

活动人员：双方辩手、评委老师

比赛规则：

时间：辩论会总计用时30分钟。

1. 陈词共12分钟。

（1）正、反双方一辩发言各3分钟。

（2）正、反双方二辩发言各3分钟。

2. 盘问阶段共4分钟。

（1）提问用时10秒，回答用时20秒。

（2）各队累计用时2分钟。

3. 自由辩论阶段共用时10分钟，每方用时5分钟。

4. 总结陈词阶段共用时4分钟，每方用时2分钟。

提示：本次辩论会将采用"线上＋线下"同步进行的形式，借助"小昆虫·大世界"微信公众号进行现场直播。

活动二：搜集辩题支撑材料

活动要求：就你支持的观点，搜集有关名人论断和书中事例，作为辩题支撑材料。

学生搜集材料示例：

正方：《昆虫记》是一部科普作品

（一）名人论断

1. 周作人：他不去做解剖和分类的工作，却用了观察与试验的方法，实地记录昆虫的生活现象，以及本能和习性之不可思议的神妙与愚蒙。

2. 鲁迅曾把《昆虫记》称为"讲昆虫故事""讲昆虫生活"的楷模。

3. 达尔文称赞法布尔是"无与伦比的观察家"。

……

（二）书中事例

"洗刷蝉的冤屈。"一直以来，蝉是人们嘲讽的对象，它是毫无尊严的乞食者。但是法布尔却在真实观察的基础上发现广为流传的寓言故事与事实不符，他纠正了这种"无人知晓的历史悬案"。

反方：《昆虫记》是一部文艺作品

（一）名人论断

1. 罗曼·罗兰称法布尔为"掌握田野无数小虫子语言的魔术大师"。

2. 达尔文评价《昆虫记》时说："《昆虫记》是科学与诗的完美结合。"

3. 雨果读过《昆虫记》后，将法布尔尊为"昆虫的荷马"。

……

（二）书中事例

作者大量采用了比喻、拟人的修辞手法，增强说明语言的生动性。作品中所有的虫子都人格化了，呵护家人，为家人开门关门的"隧蜂外婆""厚颜无耻的蚂蚁""冷血的蝎妈妈"……作者将自然的昆虫人格化，将虫性与人性完美结合，在虫子的世界里让我们反思人类的世界。

活动三：开通视频号功能，分享辩论会直播

小贴士：视频号开通方法
1.打开微信选择"我"，点击视频号。
2.点击右上角"三个小点"图标。
3.点击开启以公众号的身份展示视频和直播即可。

【设计反思】

在该教学设计中，我尝试将语文学科与计算机学科相结合，以微信公众号作为载体，把语文核心素养中强调的"语言运用""思维能力""审美创造""文化自信"等核心概念串联起来。开设公众号、创作短视频、直播辩论会，种种活动形式新颖活泼、富有生活气息，激发了青少年的学习热情，也贴近当下的时代特色。

平凡的英雄

——《钢铁是怎样炼成的》项目式阅读研究与实践

青岛市城阳二十中 赵丽丽

【阅读策略】

《钢铁是怎样炼成的》是部编版八年级下册的学生必读名著之一。对于这样一本37万多字的作品，如何让学生做到真正阅读，即了解背景、深入情节、感知人物，从而实现审美情趣的提高呢？

王荣生教授认为："阅读能力的核心是阅读方法。"整本书阅读教学中，阅读成果的呈现方式应该多种多样。本节课着重介绍项目式学习阅读策略。

项目学习是一种新颖的学习方式，它有助于培养学生的合作能力、实践能力和探究能力。所以，在整本书阅读教学时，教师如果能够将项目式学习巧妙地融入学生的学习领域，能极大促进学生阅读能力的提高。

一、明确任务

在整本书阅读教学中，首先，教师要为学生设置阅读任务，让学生明确要读什么、怎样读，从而使学生在自主阅读过程中更有目的性，而非注意力的分散。项目学习的内涵是"问题"，教师在为学生设置每个任务时都要围绕问题，问题也要覆盖语文学科的知识以及学科思想。比如，在《钢铁是怎样炼成的》整本书阅读时，教师通过实际阅读可以得知，这是苏联作家奥斯特洛夫斯基的长篇小说，在20世纪30年代完成，它介绍了保尔·柯察金在成长路上遇到无数挫折和磨难也能战胜敌人，战胜自己，并将个人追求与祖国利益结合在一起，使自己更强大，成为钢铁般的战士的励志故事。据此，教师可以把项目任务设置成：① 概括故事的主要情节；② 分析保尔的人物形象；③ 如果你是保尔，你该如何应对生活中的艰难困苦？

这些问题任务的设置来源于文本并且尊重学生的认知特点，充分体现了教学中学生的主体地位。

二、问题分析

学生接收任务以后，带着问题进行自主阅读探究，教师可以鼓励学生相互探讨，合作研究，从而更好地体现出项目学习的特点。同时，教师也要多注意引导学生提出一些创意性的想法，从而取得更佳效果。

在学生对文本有了一定的认识，初步得到自己的答案时，教师可以适当补充，让学生获得更深的理解。比如，《钢铁是怎样炼成的》主人公保尔是一名有强烈的阶级感情、对国家有无私的献身精神、对共产主义事业有美好憧憬的壮志青年。其实，这本书是作者的自传，故事就取材于作者的亲身经历。当年，作者双目失明，瘫痪在床，却依然没有放弃热爱祖国的感情，所以，作者拿起了手中的笔，著成巨作，展现了当时的社会风貌以及个人生活体验。

分析问题时，教师可给予学生充分发言的机会，让学生大胆畅谈自己的独特想法，也可以鼓励学生提出逆向思维观点，这样更符合新课程改革提倡的素养要求。

三、确定方案

这一环节中，学生提出自己准确、可行的方案，教师向学生提出有效的建议，最终形成一个可行有效的方案，创意的准确性，是项目学习策略的必备要素。比如，设想你是保尔，你会如何应对艰难困苦？这个问题具有开放性，而且学生合作讨论才能完成。有的学生会认为自己可能会以乐观的心态对待艰难困苦，保持一份乐观执着的信念，处于顽强的状态。有的学生会认为，要靠文字，靠学习来不断充实自己，因为对于全身瘫痪、双目失明的自己来说，文字是有力的武器。还有的学生会认为，要有全局观念，合作共赢。

方案确定前，教师要对整个过程进行指导和监督，耐心为学生解惑，引导鼓励学生搜集资料，合作讨论，促进项目学习目标的顺利达成。

四、成果展示

成果展示时，教师可以检查学习成果并提出建议，也可以让学生获得阅读学习的成就感。

成果展示时，教师可以让学生写一下整本书的读后感并且结合实际谈谈保尔·柯察金的精神的现实意义。有的学生会写道，"我们不能忘记，灾难来临时，不畏险境、舍己为人的军人。"而我们应该做到的就是，充实精神，认真读书，将来成为国家的栋梁。我们要宽容、诚实、坚强，要不向命运屈服。对于优秀作品，可以放在教室展览，形成示范作用。至此，学生井然有序地读完了整本书，也享受到了项目学习带给他们自己的成就感。

最后，可以让学生对自己的学习过程进行反思与评价，总结自己的得失，从而提升综合能力。

总之，在整本书阅读教学中，选择这样一种新颖的教学方式，项目学习，可以使学生在真实的情境中发现问题，分析问题，并且通过合作探究来解决问题，从而提升语文素养，将语文课堂变得更有实效。

平凡的英雄
——《钢铁是怎样炼成的》任务导读课教学设计

【阅读目标】

1.进行整本书阅读，了解人物成长史。

2.通过思维导图、写心得、编演话剧等项目学习，聚焦人物形象。

3.培养学生坚定信仰，立志克服困难的勇气。

【阅读过程】

教师在引导学生整本书阅读的过程中，尝试通过设计系列任务单，来引导学生深入文本，与文本对话等，从而逐渐开展经典文学作品的阅读。

学生在任务阅读驱动下，感受到阅读不止于情节。

一、填写简历　梳理关系

保尔作为本书的核心人物，他的成长史贯穿全书。此处设置两项主要任务，重在引导学生通过片段精读、猜想分析等，采用合作探究、小组汇报等形式，进一步梳理书中人物形象和故事情节，实现由点到面的整合深入。具体任务如下：

1.填写保尔个人简历表。

姓名	保尔·柯察金	性别	男	出生时间	1903年	政治面貌	
学历		国籍	苏联	出生地		爱好	
性格特点		配偶		身体状况			
主要家庭成员	关系		姓名			职业	
	母亲		玛丽娜·雅柯芙列芙娜			厨娘	
	父亲		不详			不详	
	哥哥		阿尔焦姆·柯察金			钳工	
	嫂子		斯捷莎			家庭主妇	

2.请同学们通过绘制思维导图，梳理《钢铁是怎样炼成的》人物关系。

设计意图：梳理清楚人物关系，进一步了解保尔成长过程中的影响。

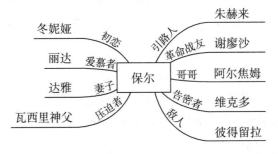

二、做读书卡　把握内容

读书卡示例。

《钢铁是怎样炼成的》读书卡	
阅读时间	2022年7月1日
阅读章节	第二部第二章
主要内容	为了解决城市木材供应问题，他们计划要在三个月内修一条铁路，于是保尔和共青团员被调去修铁路。筑路队的工作条件艰苦，他们会经常遭到土匪的骚扰，同时，疾病、饥饿也常常困扰着他们。但是保尔咬紧牙关，在冰天雪地里仍然忘我地工作，连靴子都烂了。工人们发誓一定要按照计划建成这条铁路。曾有共青团员忍受不了，退了团。但寒冷、病痛、匪徒的袭击并没有打垮保尔，反而让他越干越有激情。 　　一次在车站，保尔还遇见了冬妮娅，可她却沾染上了资产阶级的气味。保尔十分惊讶，也更坚定了革命的信念。最终铁路如期修通了，他们的革命精神深深打动了老布尔什维克朱赫来，他说："钢铁就是这样炼成的。"他还送给保尔一把枪。但不久后，保尔病倒了
主要人物	朱赫来　保尔
阅读感受	保尔在天寒地冻中不顾自己的身体，那么辛苦来挖铁路，最后患大叶性肺炎，伤寒严重，他那种钢铁般的意志真是令人敬佩，值得我们好好学习

三、把握阅读　理解形象

精读，就是对重点内容、感兴趣的文本进行认真琢磨、仔细推敲的方法。在对《钢铁是怎样炼成的》重点内容或者感兴趣的内容进行精读时，我们可以通过批注法，就是在书本的空白处随时随手写下质疑、赏析和阅读感受，无论是从思想感情上还是从写作方法上，都可以记下来。学生通常可以用到的批注法有以下几种。

1. 质疑式批注。在精细阅读文本时，学生可以针对文章内容来提出问题，只有这样，他们才能真正走入文本，与文本和作者进行深切交流。比如，在第二部第二章中，朱赫来低下声音对阿基姆说："钢铁就是这样炼成的。"有的学生就在书本上记下了这样的问题：钢铁到底是如何炼成的？全书为什么要以"钢铁是怎样炼成的"为题？这样的问题，使得学生兴趣盎然，并且能够深入探究文本。这样既激发了他们的求知欲，也培养了他们的质疑和探究精神。

2. 赏析式批注。在阅读过程中，学生可以画出自己喜欢的字、词、优美句子和段落篇章，从语言表达角度进行分析，写出赏析性的句子。比如说，在第二部第二章中有这样的一段话："保尔费了好大的力气才把他的脚从黏糊糊的泥中拔了出来。他觉得脚底有刺骨的寒冷，他这才发觉，那只破靴底已整个掉下来了。"有的学生就会在书上把"拔""刺骨"这样两个词语着重标记出并写下标注："拔""刺骨"这两个词生动形象地写出了保尔当时所处的条件的艰苦以及天气的寒冷，写出了保尔他们筑路条件的艰苦和环境的恶劣，表现出保尔不畏艰难不畏困苦的无产阶级革命英雄主义精神。

学生通过这样的赏析式批注，与文本进行交流，既增强了自身的语文素养，又更好地帮助自己掌握了《钢铁是怎样炼成的》内容，能够表现出自己的独特眼光。

3. 感想式批注。感想式批注就是记下学生自身在读文章时候的理解和感受，就是文章内容所展现的想象和联想。例如，保尔在双目失明的状况下，还著成一本书，那本书历时六个月完成，可是在邮寄时候稿件却丢失了。虽然保尔当时很痛苦，可他没有一蹶不振，而是打起精神，将书重新写了一遍。读到这里，有的学生一定会被保尔锲而不舍的精神所打动、所折服，便会有感而发，在书中做上这样的批注：保尔，如果没有这样钢铁般的意志，他是不可能第二次完成书籍的创作的。保尔靠的是什么？是坚定的信念以及顽强不屈的精神，这样不屈的精神激励着我们。

这种感想式批注，有助于我们深入理解人物形象，从而更好地把握作品的中心和主旨。

四、摘抄经典　理解积累

所谓经典摘抄，就是要摘抄原文中的经典词语、句子以及篇章段落，这是培养学生自主学习的一种比较有效的途径。

在摘抄中，很多同学都摘写了"人，最宝贵的是生命"这段经典名言，通过这种经典摘抄，学生就会逐渐养成"不动笔墨不读书"的习惯。学生可以从一些经典和励志的话语中受到启发，受到鼓励；另一方面，学生能够积累更多的写作素材，从而提升自己的人生境界，够为写作打下厚实基础。

五、专题研读，交流展示

专题研读，即针对书中的某一主题进行深入阅读。《钢铁是怎样炼成的》整本书阅读中，我们采用专题阅读的形式，定下四个专题让学生分小组进行阅读交流。

专题一：分析小说中的主要人物形象（保尔、朱赫来、冬妮娅）。

专题二：分析小说中的景物描写。

专题三：梳理保尔成长的四个阶段。

专题四：理解保尔对"生命价值"的理解与践行。

教师要求每个小组安排一个组长，带领同学们围绕一个专题进行研究阅读。在此基础上，每个小组推荐两名同学各完成一张手抄报，然后进行组内交流。另外，每个小组在组内交流的基础上推荐出一张优秀的手抄报进行全班交流展示。在这个过程中，学生的主动性、积极性和创造性以及学习潜能将会得到充分调动。同时，梳理专题知识可以在短时间内为学生构造知识框架，让他们整合学科知识，从而更好地从整体提升其应试能力。

六、编演剧本　拓展提升

语文在生活中是人与人之间交流沟通的工具，语文是用来交流的，所以，编演课本剧是实实在在地在"用"语文。

例如，读《钢铁是怎样炼成的》这本书时，教师指导学生，围绕"保尔成长的四个阶段"，通过剧本编演的形式，任选一个阶段进行编演，在此过程中，可以让我们的学生大胆发挥联想和想象，将书面文字转换为适合舞台的肢体动作以及话语，从而很好地将书本知识转化为实践演出。

例如：有这样一幕。

【第一场】

人物：朱赫来、保尔

地点：保尔家的窗前

时间：夜晚

旁白：朱赫来来到柯察金家外面，轻轻敲了窗户，保尔惊醒。

保尔：谁？

朱赫来：朱赫来，到你这里借住一宿可以吗？

保尔：当然可以。

（保尔打开窗，让朱赫来从窗户跳进屋子并压低声音。）

朱赫来：你母亲睡了吗？

保尔：现在家里只有我一个人，我妈妈在姐姐那里。

旁白：听保尔这么说，朱赫来稍微提高了声音。

朱赫来：小弟弟，那帮吃人的人正到处抓我，我就跑到你家里来了。我打算在你家住上几天，可以吗？

旁白：保尔点点头。

【第二场】

人物：朱赫来、保尔

保尔：费奥多尔，你到底是干什么的？

旁白：朱赫来站起来，把手插进口袋里。

朱赫来：难道你不知道我是干什么的吗？

保尔：我知道你是一个共产党员。

旁白：朱赫来大笑。

朱赫来：这是明摆着的事，不过布尔什维克就是共产党，共产党就是布尔什维克！

旁白：朱赫来严肃地说。

朱赫来：既然你已经知道了，就应当记住，要是不想让他们整死我，那你不论在什么地方，不论对什么人，都不能泄露这件事，知道吗？

保尔：我懂！

这样的编排并演出课本剧，可以让学生对名著中的人物形象有深刻的理解，不仅可以培养学生的听说读写能力，而且可以培养学生的组织能力、创造能力以及表达能力，从而使得学生的综合素养在语文学习中得到显著提升。

七、联想想象 对话文本

红色经典文学作品之所以能够经久不衰，是因为它能让读者被英雄人物的精神品质所深深吸引，引发读者强烈的共鸣，激发生命的力量。为了挖掘

此书的现实意义,教师设计了以下活动:

活动一:走向保尔

非常郁闷的一天……这天夜里,我在梦里梦见了保尔,我觉得自己应该给保尔写一封信,说说心里话。

1.请设想一下,让"我"感到郁闷的可能会是什么事情呢?

2.给保尔写信。

活动二:《朗读者》之《钢铁是怎样炼成的》专栏

请同学们选择《钢铁是怎样炼成的》中最能打动自己内心的片段,以个人或者团体的形式进行朗读。

同学朗读:选择坚强——在烈火与骤冷中铸造

大家好,我是朗读者1号,我要朗读的是《钢铁是怎样炼成的》第二部中的段落,送给那个连续两次考试发挥失常,却一次又一次爬起来继续奋斗的自己,也送给所有具有钢铁般意志的同学们,愿我们不畏困难,勇往直前。

【朗读片段】保尔把手放在膝盖上,狠狠地骂了起来:"老弟,这是冒牌的英雄主义!干掉自己,任何时候都可以做到。这是摆脱困境的最怯懦最容易的一种办法,生活不下去,就一死了之。你有没有试试去战胜这种生活呢?为了摆脱这个铁环,你已经竭尽全力了吗?你是不是已经忘记了,在沃伦斯基新城附近,一天发起十七次冲锋,不是终于排除万难攻克了那座城市吗?把手枪收起来吧,这件事永远也不要告诉任何人。即使生活到了难以忍受的地步,也要善于生活,并使生活有益而充实。"

在"朗读者"活动中,学生通过与小说中人物对话的方式,感受到了红色经典文学作品对自己的鼓舞和激励,更好地挖掘红色经典文学作品的价值。

第四节　衔接式阅读

衔接式阅读，以语文阅读能力的贯通培养为研究方向，在阅读量和阅读速度上寻找衔接点，缩小学生阅读量与课标要求之间的差距，解决初中阶段阅读质量不高的难题。探索中小衔接整本书阅读有效策略，有助于学生拓宽阅读视野、提升自主阅读能力、培养良好的阅读习惯。

经典名著小初衔接课程建设的探索与实践
——以《水浒传》衔接课程为例

青岛大学　赵月辉

如果你是大宋官府记者，请根据"鲁提辖拳打镇关西"的内容写一篇200字左右的新闻简讯。

本学期一些既有趣味性、思辨性，又有情境性和跨学科性的问题，出现在市北实验初中小学六年级的整本书阅读课堂上，这门小初衔接阅读课深受同学们喜爱。

《水浒传》是统编教材九年级阅读书目，六年级学生阅读是不是难了点？开课伊始，家长、同行产生了这样的质疑。读书课就是放松、休息、写作业课，开课伊始，学生产生了这样的初印象。

这些质疑评论直指我们小初衔接的本质内核：这门课衔接的学理依据是什么？衔接的目标如何确定？衔接课程如何与学科课程有效衔接？衔接课程如何实施、评价？而这一切都需要我们用语文课程标准来检验。

2022年教育部颁布了最新的《义务教育语文课程标准（2022年版）》，其中在"主要变化""关于课程标准"第五条中提出，新课程标准"加强学段衔接""体现学习目标的连续性和进阶性"。在《义务教育语文课程标准（2022年版）》具体内容中，在"课程理念""总目标的学段要求""课程内容组织与呈现方式"中均有对整本书阅读的相关要求，这为整本书阅读作为小初衔接课程建设提供了学理依据和根本遵循。

一、制定衔接目标

语文课程目标"学段要求"第三学段（5~6年级）"阅读与鉴赏"中第6条要求："阅读整本书，把握文体的主要内容，积极向同学推荐并说明理由。"在第四学段（7~9年级）"阅读与鉴赏"中第7条要求："每学年阅读两三部名著，探索个性化的阅读方法，分享阅读感受，开展专题研究，建构阅读整本书的经验。感受经典名著的艺术魅力，丰富自己的精神世界。"

据此，我们需要对两个阶段目标进行深入分解，寻找衔接点，确定衔接目标。第三学段阅读目标中"把握文体的主要内容"，其中包含着对整本书的文体和学生具备梳理作品基本内容能力的要求。"积极向同学推荐并说明理由"，"积极"凸显出学生要有读书的热情、兴趣，"向同学推荐"需要有推荐的场域、支架，"说明理由"要有自己较为深刻的独特感受。第四学段明确了阅读的数量，要求学生从阅读的方法、感受、探究、鉴赏方面建构个体的整本书阅读经验。在对上述两个学段目标分析中，我们找到了如下的共同点：兴趣、方法、内容、感受。由此我们确定整本书衔接课程目标是，养成读书习惯、学会阅读方法、梳理作品内容、分享阅读感受。

衔接课程目标按照"能力素质""行为表现""使能目标"三个层级制定，当然在三个层级的流转中，其弊端是能力素质的目标会发生损耗，优点是保证了每一目标在具体实施中能够有的放矢，可观可感。如在《水浒传》阅衔接课程具体目标中，"能力素质"中"学会阅读方法"一项，其"行为表现"主要包括"能理解读书方法对于提高阅读的重要意义""能运用常见的读书方法"……具体的"使能目标"是"了解常见的读书方法""举例说明是否运用读书方法对阅读效果的影响""了解不同文体的阅读方法""能够运用跳读、精读、比较阅读等方法阅读古典小说《水浒传》"等

二、课程内容实施

（一）阅读的策略

在课程具体实施中，我们形成了群体化阅读、立体化阅读、读写结合的阅读策略。

群体化阅读：如《水浒传》固定读书课保证了相同的时间、场域，同学们面对相同的话题，有了对话、交流、分享的基础，有利于形成浓郁的读书氛围。

立体化阅读：我们读《水浒传》，讨论作品的相关评论，如"2010年6月2日，《北京晨报》刊发了北京师范大学教师侯会的一篇文章，该文主张将中学教科书中的《鲁提辖拳打镇关西》一文拿掉。他希望拿掉此文的理由是此文在渲染暴力，对于尚未成年的十几岁孩子而言影响不好。你主张删不删此文？为什么？"让学生跳出作品看作品，以立体化的理性视角，全方位阅读作品。

读写结合：阅读是输入，写作是输出，阅读的最终目的是以读促写，读写结合。"结合原文内容，请你还原智真长老给赵员外的书信""请补写出林冲写休书时复杂的心理"等，这些问题既激发了学生阅读兴趣，又能提高学生写作表达能力。

（二）实施路径

在课程具体实施中，聚焦"思辨融合活动"我们形成了"主题引领，活动助推，融合课内"的名著阅读实施路径。

主题引领。整本书的主题是多元的，在尊重学生认知与接受水准的基础上，围绕其中的"人文性"主题展开抛锚式阅读，实现初中名著阅读课程化育人功能。确立体现作品核心内涵的主题，难易适中，以主题为统领，设置"结构性议题"，为学生"发现"与"思考"提供阅读支架与路径。如针对《水浒传》，我们结合学生的身心特征，确定的主题是"选择与坚守"——选择的是命运，坚守的是忠义。我们设计的具有思辨性的研究性问题是"如果你是梁山好汉，宋江与晁盖你会推选谁当梁山头领"，这一问题紧扣阅读主题"选择与坚守"，动力十足，需要学生前期阅读前七十回作品，细节推敲，两位重要人物的比较，好汉自身能力，梁山组织发展等，构成了一个复杂的情境，在情境中阅读，在书内外思考，既呼应了新课程标准的时代要求，更丰富了学生的精神世界，提高了学生的思辨能力。

融合课内。一是主题融合，挖掘名著阅读主题，链接单元主题，二者形成一个共同的主题场域，为后续对话交流做铺垫。二是写作融合，名著呈现出广阔的写作场景，且名著中的写作视角全面，教材单元写作重点在名著中都可以找到映射点，可以在阅读名著中专项提升写作能力。三是阅读融合，将教材单元的阅读能力提升点（一课一得），纳入特定的名著阅读中，转变名著的身份，使其成为单元教学的专项延伸拓展。通过与教材单元主题、写作、阅读方法融合，名著阅读成为教材重要组成部分，二者从原有割据状态，走向了统一融合，保证读考评一体化，解决了名著阅读收效周期长弊端。如《水浒传》勾画鲁智深人生轨迹图这一探究问题中，"重要事件的选择""浏览、前后勾连"等阅读方法的实践，与六下第三单元教学重点中"阅读内容的选择，阅读方法的确定"高度统一起来，虽是跨学科融合，但聚焦的是语文学科事件、形象、写法等，让整本书阅读教学有"迹"可循，落地生根。

活动助推。"活动助推"是整本书阅读实施最重要的方式，也是建构主义学习理论中会话的重要体现。处于青春期的学生，更加渴望来自他人的共鸣、认同和欣赏，活动为学生提供了充分的交流和展示机会，有助于学生提升自我认同感和群体归属感；依据学习金字塔理论，在生生互动、小组互动、师生互动的交流讨论中，促使学生理解、分析、综合等思维能力得到全面提升。在《水浒传》中，我们设计了水浒叶子游戏活动。"水浒叶子"游戏源于传统，我们在阅读活动中守正创新，学生从模仿古人作品设计水浒叶子到自己独创开发水浒叶子游戏，激发兴趣，引发思考，培养了鉴赏创造能力。

三、课程评价

评价方式多元。理想的名著评价应由注重识记转为理解分析应用，评价应该是多元的。从评价能力层级看，关注学生"独立思考"与"自主评价"的高阶能力，使得以往那种"突击式""快餐式"的投机取巧之法难以奏效。

结合教学实践，名著阅读评价应体现思维能力、阅读方法、文本特征、整合阅读原则。如学生就某一话题，在不同文本间分析、综合、评价，得出自己独立观点。具体如下。

　　阅读下面文字，回答问题。① 百回本：吃了酒饭，智深便问史进道："你今投哪里去？"……智深见说了，道："兄弟，也是。"便打开包裹，取些金银，与了史进。② 金圣叹本：智深见说了，道："兄弟，也是。"便打开包裹，取些酒器，与了史进。同一细节，两个版本用了两个不同词语，你喜欢哪一个？请说出理由。这种考题，对学生思维层级和阅读要求都比较高，有助于考查学生发展的核心素养。

　　评价量表使用。一是单个任务量表。在每一问题后面我们设置评价量表，评价量表既能体现教师设置任务的意图，也是学生作答思路方向和教师评价的依据。如"如果史进、朱武、陈达、杨春都是我们班级的同学，你愿意同其中的哪一位做朋友吗？请说出你的理由。"

【评价量表】

评价指向	评价内容	分值	自评	师评
把握人物形象/择友价值取向	能全面准确分析人物形象，做出客观比较及选择	2		
	能分析出人物部分形象，做出客观比较及选择	1		
	能分析出人物部分形象，没有比较，选择不当	0		

　　二是整本书评价量表。主要包括"读前—读中—读后"评价量表。

课段	评价目标	评价内容	评价等级（分数）	评价主体
读前	搜集文学作品的作者、作品内容及相关的资料	1. 完成调查问卷； 2. 搜集整理文学作品的作者、作品内容及相关资料	A（10分）□ B（8分）□ C（6分）□ D（4分）□	师评 自评

续表

课段	评价目标	评价内容	评价等级（分数）	评价主体
读中	1. 通读整本书； 2. 运用精读、略读、跳读、做批注等方法进行阅读； 3. 理清小说的情节脉络及人物关系； 4. 概括小说的主要内容，分析人物形象，理解作品的主题； 5. 鉴赏文学作品，有自己的情感体验，领悟作品的内涵，品味作品中富于表现力的语言，丰富自己的精神世界……	1. 通读整本书，进行批注式阅读； 2. 概括小说每一章节的主要内容； 3. 摘录精彩片段，并赏析； 4. 完成阅读任务单； 5. 分析人物形象； 6. 创作手抄报或思维导图、人物关系图； 7. 撰写人物传记； 8. 课本剧编排； 9. 制作名片、海报等； 10. 开展辩论会。 备注：评价内容根据每节课阅读任务的不同，灵活选择，进行评价	A（10分）□ B（8分）□ C（6分）□ D（4分）□	师评 自评 互评
读后	整合整本书阅读，反思总结阅读过程中出现的问题，听取他人的意见和建议，调整阅读方法	1. 母题的研究（专题研究任务单）； 2. 撰写书评； 3. 完成小论文； 4. 完成读书报告； 5. 完成读书总结； 6. 开展读书交流会； 7. 开展知识竞赛； 8. 名著知识小测试。 备注：评价内容，灵活选择	A（10分）□ B（8分）□ C（6分）□ D（4分）□	师评 自评 互评

评价类型多样。主要有过程评价，表现性评价和考试性评价。过程评价主要是搜集反映学生名著阅读过程和结果的资料。如阅读档案袋、读书笔记、阅读小论文、研究性学习报告、创意性阅读与写作、有价值的问题，并对这些资料进行量化考核。表现性评价是指教师让学生在真实或模拟的生活环境中，运用先前获得的知识解决某个新问题或创造某种东西，以考查学生知识与技能的掌握程度，以及实践、问题解决、交流合作和批判性思考等多种复杂能力的发展状况。结果性评价是利用学期末或单元检测，对学生综合运用语言能力进行最终评价。测试题没有设置绝对的评价标准，学生的作答可以得到教师和同伴认可，极大激发了学生阅读的积极性。评价的主体有老

师、有学生、有自己，评价的结果更加准确。

经过近两个月的学习实践，同行、家长的顾虑被打消了，同学们逐渐喜欢上这门课程。我们迈开了科学设置小初衔接课程的第一步，后续我们将在阅读任务的设置、考试评价等方面进一步吃透课程标准要求，对标国内最前沿的整本书阅读研究，以高度的责任感和使命感，科学研发，守正创新，大胆实践，努力走在小初衔接研究实践的前列。

《水浒传》衔接式阅读策略探究与实践

青岛市北实验初中小学部　王顺芝

经典名著阅读的价值在于典范语言的熏陶，是对历史、文化、社会的触摸。《水浒传》在小学阶段和初中阶段都被列为必读书目，小学阶段旨在浅读，"碎片"化阅读占比较多；中学阶段旨在深读，集零为整，从"走近"到"走进"。

我们在教学中发现，整本书的阅读，尤其是经典名著的阅读还存在一些问题：一是学生往往因为没有什么阅读技巧，阅读变成了一项生硬任务，阅读兴趣不高，有的甚至只是机械地翻阅；二是教师在进行整本书阅读教学时，方法过于陈旧，教师不能对学生进行思维拓展的引导和训练，学生在阅读中没有抓手；三是《水浒传》中人物众多，事件也多，人物关系复杂，这无形地增加了学生的阅读难度。

针对整本书阅读教学中存在的这些问题，教师在组织学生阅读时，需要有目的地引导学生运用阅读策略梳理故事情节，把握人物性格，设计任务单，让整本书阅读教学有"迹"可循，化繁为简，集零为整。

一、跨学科融合，梳理林冲人生轨迹

《义务教育语文课程标准（2022年版）》将跨学科学习作为"拓展性学习任务群"之一，列入了语文课程内容。它基于语文学科，又跨越了学科界限，引导学生在更广阔的领域中学语文、用语文。

学生在阅读《水浒传》过程中，被书中精彩的故事情节所吸引，对人物的经历有了一定了解，但可能是分散的。教师在阅读指导中，设计任务单，引导学生纵观整本书，去提取水浒人物林冲的事件，并进行梳理，根据自己的感悟选取林冲最重要的事件来绘制人生轨迹图。在这个过程中，引导学生跨学科，大胆尝试，用理性的思维方式做统计。

【任务设计】梳理林冲故事情节，并画出人生轨迹图。

如图：学生用了折线图、柱状图、饼状图等方式来呈现。

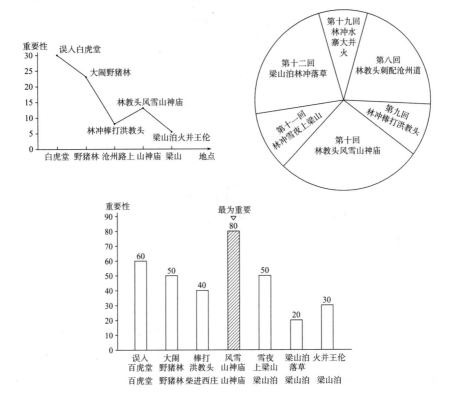

与此同时，教师设计调查问卷，也用数学的统计方法对班级学生的观点进行汇总和反馈，汇总了学生认为最重要的故事情节，学生对此进行交流，说明自己的看法。

教师根据统计，明确了本节课的教学方向。学生也了解了自己的阅读目标。如学生从不同角度的精彩回答：

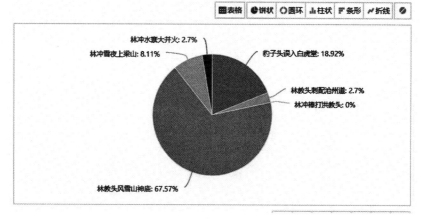

《水浒传》问题调查

第1题：《水浒传》中，林冲的主要故事情节有：豹子头误入白虎堂、林教头刺配沧州道、林冲棒打洪教头、林教头风雪山神庙、林冲雪夜上梁山、林冲水寨大并火，请根据你的理解完成下面的内容。1.你认为最重要的事件是哪一个？　[单选题]

选项	小计	比例	
豹子头误入白虎堂	7		18.92%
林教头刺配沧州道	1		2.7%
林冲棒打洪教头	0		0%
林教头风雪山神庙	25		67.57%
林冲雪夜上梁山	3		8.11%
林冲水寨大并火	1		2.7%
本题有效填写人次	37		

生1：我认为风雪山神庙最重要，与其他事例相比作者用了许多笔墨，并且运用了环境描写，"风雪"不仅烘托了气氛，还推动了故事情节的发展。例如：因为下雪林冲才出门买酒；因为风雪大堵住庙门；等等。而在这个情节里，一向隐忍的林冲却杀了几个人，这是他的性格转变，从隐忍到狠，写出了他新的性格特点，官逼民反，让他不得不开始反抗，同时带动了人物命运走向，为他风雪上梁山做铺垫。

生2：我认为误入白虎堂最重要，他和鲁提辖拳打镇关西有一样的作用。如果他不带刀去白虎堂的话，就不会被刺配沧州道，也就不会野猪林遇见鲁智深，就不会有后面的故事了。之前高俅之子高衙内调戏林冲娘子，林冲为了救自己的娘子而得罪了高俅，因此刺配沧州道，所以为林冲后面的故事做了铺垫。

生3：林冲误入白虎堂，实属无奈之举。其一，一定意义上反映了林冲懦弱的性格。其二，误中恶人之计。高俅是怎么设计陷害林冲的呢？是通过卖刀吸引林冲，等林冲买了刀之后，又以"看刀"为名，把林冲引入白虎堂。这一点，陷害林冲之人揣摩得很准，他知道林冲喜欢宝刀。这也是林冲被逼上梁山的第一步。

生4：我觉得雪夜上梁山最重要，因为这个事件是林冲人生中的转折点，他以前还对朝廷抱有希望，但火烧草料场事件之后，林冲就对朝廷和人性彻底失去希望，并且变得冷漠无情，最终他被逼上了梁山，开启了崭新的人生。

在整本书阅读中运用跨学科的方法梳理人物故事情节，直观清晰，将与林冲相关的故事情节集零为整，很好地体现事件的重要程度，便于理解人物性格，梳理故事情节，把握人物命运。

二、从人物称呼入手，走进鲁智深

《水浒传》中，作者施耐庵独具匠心地为书中很多英雄人物设计了绰号。这些绰号，体现了宋元时期民间社会文化的积淀，以创造性的思维方式折射出当时民间的审美。书中的人物五花八门，三教九流无所不有。而造成这些不同阶层的人起义的主要原因是当时北宋社会统治阶级的腐朽。《水浒传》中的绰号，很多都带有那个时期的气息，也是人物性格、行为、身份、职业的高度提炼。

作为"天罡"中的英雄之一，鲁智深的豪情万丈令无数水浒迷倾倒。水浒评论家金圣叹曾说："写鲁达为人处，一片热血，直喷出来，令人读之，深愧虚生世上，不曾为人出力。"学生在读到鲁达的故事情节时，都被他的侠肝义胆、慷慨直爽所折服，更看到了一个有情有义的鲁达。教师引导学生读水浒英雄鲁智深的相关故事情节，从回目中查找，再从书中提取。在完成阅读任务单时，学生用思维导图的方式从时间、地点、人物绰号、绰号由来、故事情节、人物性格等方面来探究，对鲁达其人有了全方位、立体的认识。

【任务设计】水浒人物鲁智深探究

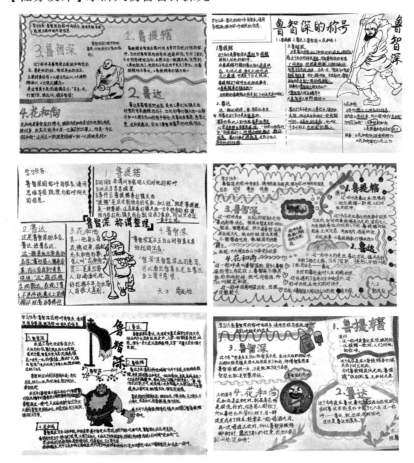

《水浒传》中施耐庵为人物设计绰号对深化人物形象、表现人物性格有极大的作用，也极大地吸引了学生的阅读兴趣。通过人物绰号来对人物进行梳理还有很多方法值得探究，比如，找出人物绰号，分类分析绰号的设计用意，进而找到人物间的联系，走近水浒人物。从书中我们知道，有的以动物名为绰号，有的以人物形体特征为绰号，还有的以武器、星宿、性格特点等为绰号，这些个性鲜明的人物绰号都能更好地帮助学生深入走进《水浒传》。

三、人称转换，我为林冲喊冤

《水浒传》中，施耐庵以第三人称对小说的故事情节展开描写，使读者更客观地走进小说，产生共鸣，不受时空限制。而第一人称的表达方法，会让叙述更加亲切自然，便于更直接、更自由地表达自己的情感，给读者带来真实体验。为使学生进入体验式探究，教师设计了以下任务。

【任务设计】以第一人称完成林冲喊冤。

林冲喊冤

我本八十万禁军教头，恪尽职守，上尊领导，下爱士兵＿＿＿＿＿＿＿＿

【评价量表】

评价指向	评价内容	分值	自评	师评
概括事件内容，分析原委	叙述要素全面，语言简洁，内容充实	2		
	叙述要素基本齐全，内容基本完整	1		
	概括不完整，逻辑混乱，语言不通顺	0		

四、"我心中的水浒人物"新闻发布会

学生通过《水浒传》整本书阅读，对水浒人物及其相关信息有了立体的认识，迫不及待地想要全方位表达心中的感受。教师引领读整本书过程中设计学习任务，更好地落实整本书阅读。

【任务设计】

假如你是一名记者，请为你心中的水浒英雄写一则新闻，参加水浒人物新闻发布会。

提示：新闻稿的标题必不可少，而且对所报道内容要进行概括和提炼。正文要突出事件。第一部分写明时间、地点、人物、事件、结果，对所写内容进行整体综述。第二部分要对第一部分的内容做进一步的解释和阐述，使所报道事件完整且丰富地展现在大众面前。也可以在这一部分增加相关背景解释。最后对所报道内容进行总结，并能写明其产生的影响。

【评价量表】

评价指向	评价内容	分值	自评	师评
对内容概括和提炼，阐述全面，有影响	语言简洁，阐述全面，表明其影响	2		
	内容基本齐全，报道基本完整	1		
	内容不全，逻辑乱，不符合新闻稿特点	0		

在情境中落实要素　让学习与成长真实发生
——浅谈核心素养下整本书阅读教学研究

青岛市北实验初中小学部　张甜甜

　　整本书阅读是拓展型学习任务群的任务之一，新课标指出，"本学习任务群旨在引导学生，在语文实践活动中，根据阅读目的和兴趣选择合适的图书，制定阅读计划，综合运用多种方法阅读整本书；借助多种方式分享阅读心得，交流研讨阅读中的问题，积累整本书阅读经验，养成良好阅读习惯，提高整体认知能力，丰富精神世界"。整本书阅读是聚焦语文核心素养、构建深度学习课堂的重要抓手。教学要以新课标做理论基础，切不可盲目引导学生，背离了阅读的目标。而"真实情境"的创设就是根据课标、依托教材、针对学情，为学生的联想、思考和学习目标的达成提供各种帮助。新课标组成员王宁老师这样说："所谓'真实情境'是指对学生的学习产生价值和意义的情境，是能引发学生的思考和联想，促进学生自主学习和深度学习，有利于学生核心素养发展的教学语境；怎样提高情境的真实性，关系到学生自主学习的灵魂。"

　　那么学习任务群视角下的整本书阅读如何通过构建真实情境，落实语文核心素养，是我们所一直思考的问题。我校语文教研组深入研读课标，力求在课堂中让新课标落地，接下来和大家分享一下在整本书阅读方面落实新课标的一些具体做法。

一、立足真实课堂　搭建阅读支架（课堂教学）

思维能力是语文核心素养的重要组成部分，顺应新课标"素养导向"新趋势，教研组集备中，注重从内容走向策略，帮助学生思维进阶，在大阅读的课堂教学中，为学生搭建阅读支架，支架与语言表达互为助力，降低阅读难度。

1. 抓住要点设计问题，提供"探究式问题支架"。

新课标中提到，"教师要明确学习任务群的定位和功能，准确理解每个任务群的学习内容和教学提示。在此基础上，综合考虑教材内容和学生情况，设计不同类型的学习任务"。这给一线教师带来的最大挑战就是要求教师能够成为学习任务的高明设计师，设计出具有驱动力、整合能力和发展力的学习任务。而中学部钟宪涛老师的加入为我们提供了一些思路。他本学期承担我校小初衔接经典名著《水浒传》课程的教学。

名著的主题是多元的，他在尊重学生认知与接受水准的基础上，围绕"人文性"的主题展开抛锚式阅读，结合学生的身心特征，确定的主题是"选择与坚守"——选择的是命运，坚守的是忠义。钟老师设计的具有思辨性的研究性问题是"如果你是梁山好汉，你会推选宋江与晁盖谁当梁山头领"。这一问题紧扣阅读主题"选择与坚守"，动力十足，需要学生前期阅读前七十回作品，细节推敲，两位重要人物的比较，好汉自身能力，梁山组织发展等，构成了一个复杂的情境，在情境中阅读，在书内外思考，既呼应了新课标的时代要求，又丰富了学生的精神世界，提高了六年级孩子的思辨能力，同时体现了名著的育人功能。

在大任务主题下，钟老师在每一章回的导学案中设计了真实有趣的子任务：如果你是大宋官府记者，请根据"鲁提辖拳打镇关西"内容写一篇200字左右的新闻简讯；你觉得智真、智清长老，谁更适合当我们的班主任？请说出你的理由。这些既有趣味性、思辨性又有情境性和跨学科性的问题，让学生眼前一亮，相对于以往枯燥的问答式阅读，大大提升了学生的阅读兴趣。孩子们课下分小组交流并制作课件，课堂上积极展示阅读成果，交流碰撞中也让名著阅读逐渐走向深入，为中学更深层次阅读做好了衔接。

2. 聚焦任务驱动，构建图表型支架。

《亲爱的汉修先生》导读课中，中年级的老师引导孩子利用鱼骨图梳理人物图谱，绘制微缩的成长曲线。五年级《小兵张嘎》推进课中，孙老师通过山型图帮助孩子梳理故事情节，绘制表格或者自绘思维导图梳理人物性格影响因素，通过分析比较、归纳判断，分析主人公性格形成的原因。五年级《水浒传》精读课中，孩子们利用山型图梳理情节，使武松打虎一波三折的小说情节清晰明了。而六年级《水浒传》深入阅读中，难度加大，借助思维导图提示，引导学生概括主要情节，推动了思维的深度发展。这些图表型支架都为阅读提供了抓手。

3. 基于学生兴趣，搭建活动型支架。

在教学中，有些内容不用教师过多讲解，只需让学生亲自去尝试、去体会、去感受，自然而然就能领悟，这就是我们常说的"实践出真知"。选择学生喜闻乐见的形式，或读、或说、或评、或演。以"实践式支架"为再创造手段，将小说中经典的场景以表演的形式再创造，学生在自编自导自演自赏中，从动情到移情，不仅能领会作者的创作意图，而且能加深对角色语言、情感、行为的体验。

比如《武松打虎》的精彩片段表演中，孩子们真正走入文本，仔细揣摩每一个角色的语言、动作、神态、心理，这样就建立起人物与学生内心的联系点，能一下子缩短小说人物与学生的距离。教学过程不再是学生简单占有知识结论的过程，而是成为学生不断参与，主动建构并不断获得新体验的过程。

二、立足学生个性　创建真实情境（学校活动）

新课标中提出，设计主题任务，要围绕特定主题，确定有内在实践关联的系列学习任务，具有情境性、实践性、综合性，共同指向学生的核心素养的发展，让语文联结生活，服务生活，打通儿童和生活的联系。我校今年语文学科节活动就是结合新课标，立足学情，依据学生个性发展，为学生搭建平台。通过各班初赛、级部复赛等形式，现场展示，营造多元化、多维度的校园学习氛围，丰富拓展课内外资源，深入思考和探索学科活动形式，注重实践拓展，落实减负增效，从而满足学生成长需求。

　　四年级活动主题是"我和神话人物有个约会"，结合了课本神话大单元主题、快乐读书吧及习作、课外必读书等内容，这也是整本书阅读任务群对于中年级段的学习要求。学生自主选择古今中外的经典神话故事书籍，充分利用课间、早读、课后服务时间积极阅读。体会故事中包含的道理，感悟神话人物鲜明的特性，品读语言想象画面，看人物形象进行影视对比，从而了解到了我国悠久的历史、灿烂的文化，感受我国历史文化的璀璨。子任务一：神话故事我来讲，同学们声情并茂，用生动的语言表达了自己对于神话故事的理解。子任务二：神话故事我能写，以"我和_____过一天"为主题进行神话故事创编，读写结合。子任务三：神话人物演一演。表演的形式加深印象。

　　五年级活动主题是"我是民间说书人"。活动一：民间故事再创作。活动二：讲讲我创作的小人书。教师发现有一阵孩子们课下特别喜欢画卡通人物，有的孩子还用订书机装订成了一本小人书，以孩子们的兴趣点出发，在学科节中给孩子们创作提供契机。选择喜欢的民间故事，手绘并制作成小人书，边展示边复述故事。发挥课外时空优势，与教学环节实现优势互补，教师发现孩子们确实乐此不疲。

　　六年级活动主题"玩转水浒叶子"。子任务一：制作"水浒叶子"，进一步了解人物。子任务二：创编水浒游戏。根据人物制定规则，继续完善水浒叶子，并指导学生创编游戏。子任务三：水浒游戏来比赛。学生根据自创游戏规则进行展示和比赛。

　　在给人物进行形象设计或制作卡牌的过程中，学生必须认真阅读书籍，才能根据故事情节总结出人物形象。而设计人物形象或者卡牌又是对学生阅读效果的检测。在卡牌游戏中，要想获胜，必须对书中人物和情节了如指掌，所以一个阅读任务贯穿始终。卡牌的绘画设计也可在美术老师的指导下完成，跨学科融合更灵活地调动学生多元智能的全方位参与，促进综合能力的提升与全面发展。

　　语文实践活动的设计将新课标、教材和整本书三者相结合，进行要素关联，设计具有驱动力和整合力的核心任务。围绕大主题，凸显趣味性。依托语言实践，突出多样性，评价注意个性展示，体验延续性，最终指向核心素养的发展。

三、立足实际学情　注重多元评价

新课标课程理念中指出，倡导课程评价的过程性和整体性，重视评价导向作用；注重评价主体的多元，多种评价方式的综合运用。

1. 评价内容多元化。

教师精心给学生设计了贯穿阅读过程始终的评价量表。一是单个任务量表。在每一问题后面我们设置评价量表，二是整本书评价量表。主要包括"读前、读中、读后"评价量表。评价表有三个目的：既是老师的设计意图，也给学生作答提供了方向和思路，最终也是教师评价工具。

2. 评价主体多元化。

整本书阅读评价，可以从教师、学生、家长等多个主体展开。教师要发挥评价的主导作用。如观察学生的阅读效果，评价学生在小组阅读活动中的相互交流等；学生是整本书阅读的主体，应当学会对阅读过程进行观察和反思，了解自己的阅读效果。学生可以自评，也可以互评。学校通过成长作业、积累本展评等方式评价。

家长可以在亲子共读中推动阅读评价，亲子共读激发孩子的阅读兴趣，家长的陪伴和示范也是对孩子最好的激励方式。评价主体的多元化，会给学生带来多重评价视角，营造宽松开放的评价氛围，帮助学生在反思中客观认识自己，从而逐步培养终身阅读习惯，如此我们的阅读才能有规划，有评价，有实效，有价值。

基于"学习任务群"的大阅读教学，既有教师的组织和引导，又有学生的实践和探索。它更多地指向探究性的深度学习，以培养学生在真实情境中解决复杂问题的高阶思维能力，全面提升语文教育教学质量和效益。基于课标，始于学情，行于实践，终于素养。这种新的教学组织形式，对教师提出了更高要求，我们要坚持实践、探究、思考、总结、创新。唯此，才能真正实现"指向未来"的教育愿景，让学习和成长真实发生。这是一个十分漫长而艰难的过程，需要驰而不息的热情和锲而不舍的毅力，在实践中不断探索前行。"道阻且长，行则将至"，虽路漫漫其修远兮，然进一寸有进一寸的欢喜。

丹心向未来

——《小英雄雨来》红色经典阅读小记

青岛市城阳区夏庄街道丹山小学 刘 冉

《义务教育语文课程标准（2022 年版）》明确提出要"继承和弘扬中华革命文化"。因此，借助整本书阅读，用好红色资源，深入开展社会主义核心价值观宣传教育，深化爱国主义、集体主义、社会主义教育，着力培养担当民族复兴大任的时代新人，是摆在教育者面前的重要课题。

《小英雄雨来》是一本适合小学中高段学生阅读的书籍，小雨来聪明机灵勇敢的形象，是一代人的红色回忆。在远离艰苦和悲壮生活的今天，研读此书可以让孩子们更好地体会民族生命的顽强，大无畏的革命气概和不屈不挠的进取意志。

在整本书阅读推进过程中，我们发现存在以下问题：一是不了解时代背景，阅读兴趣较淡；二是人物精神挖掘不透彻；三是学生阅读能力有待提高。

针对以上问题，我们丹山小学借助独特的"丹山红色文化"资源，设计红色主题引领，红色活动助推的"阅读红色经典，发扬新时代红色精神"阅读活动，实现革命文化传播、继承与发扬。

2022新课标首次提出：义务教育段语文核心素养，即文化自信、语言运用、思维能力和审美创造。小英雄雨来是抗日战争时期冀东少年儿童的一个缩影，阅读此书，对培养学生的文化自信，弘扬革命精神有重要意义，有助于在学生心中根植为共产主义奋斗终身的理想信念、文章语言生动活泼，恰当运用方言土语，人物活灵活现，是学生积累语言，培养审美与创造的好读本。

如何基于核心素养，实施趣味阅读，拉近学生与作品的距离呢？我们尝试了如下措施。

1. 任务情境化。教师设置情境，以生活问题为载体，引导学生从文本中寻求答案，让整本书阅读充满趣味。

2. 氛围情景化。阅读文本，可以引导学生想象故事情境，可以运用多媒体创造阅读氛围，引导学生入情入境。

3. 活动趣味化。趣味化的内容会引起学生探索的兴趣，让学生保持旺盛的探究欲，也是最好的催化剂，让学生在快乐的氛围中理解人物，把握主题，学会迁移。

【活动片段】

丹山学校开展纪念丹山岭战役73周年活动。（1949年5月31日人民解放军发起解放青岛的最后一站——丹山岭战役）

活动一："红色英雄"故事会。

设计意图：借助真实的活动场景，引导学生讲红色故事，于活动中收获，在聆听中感悟。读书因为故事会活动的开展不再枯燥，学生阅读的积极性高涨起来了。

活动二：还原"红色场景"。

设计意图：引导同学读完作品后，选择合适的方式呈现自己感触最深的一幅场景，由此提高学生的阅读兴趣。

生1：我认为雨来在一个字一个字地念"我们是中国人，我们爱自己的祖国"最打动我。因为雨来所有的爱国行为都是由思想指引的，不论是父母的爱国行为还是平常的教育，都指导着雨来做一个热爱祖国的人，正是这样的教育，才有后来雨来一系列勇敢地保护交通员的行为。

生2：我觉得雨来被鬼子抓住，领着鬼子在假地雷阵转了半天这个情景最让我觉得有意思。因为这里充分体现了雨来的聪明才智，可以与之前的埋地雷的乡亲们的轻视形成鲜明的对比。

生3：我觉得雨来让受伤的八路军披着羊皮袄混在羊群当中出村最有意思。因为这种场面是非常惊心动魄的，而且也能体现出雨来的聪明机智。

活动三："英雄事迹"接力卡。

阅读整本书，时间过程比较长，在书中也会遇到很多人物形象，为避免人物混淆和遗忘的情况，可以请学生随时记录里面新的人物形象。

通过多样化的任务设计，小英雄雨来不再仅仅是书中的英雄人物，更仿佛生活在学生们中间，是那样的熟悉，那样的可爱。阅读作品，净化心灵，厚植情怀。

丹山小学借助得天独厚的红色文化资源，引导学生走红色阅读路线，收获阅读素养的同时，丰富学生的精神涵养。新时代下，革命文化将继续引导我们，领悟红色精神中蕴含的爱国情怀与理想信念，肩负起民族复兴的伟大重任。

博学之，慎思之，笃行之
——初探初中名著阅读与写作的有机结合

青岛五十中 王静静

我们总会跟学生强调，阅读和写作是一体的。确实，高质量阅读的积累可以提高学生的文学鉴赏能力，有助于提高写作水平，而通过写作练习也对阅读理解能力有更深层次的提升。由此，阅读和写作教学一直是学生语文学习的重点，也是难点。

究其原因，现在的学生大多对文学作品的阅读兴趣不高，对写作更是敬而远之。

在当前情况下，初中学生可支配的自由时间不甚多，所以明确阅读篇目并带领他们有序地开展阅读，授之以方法，发掘其趣味，引导其写作，增加其成就感，是值得我们初中语文老师探索研究的。语文课本上有很多必读、选读名著推荐书目和节选的名著片段，我们不妨充分利用它们，以此激发学生的阅读兴趣，提高写作能力。

一、博学之，模仿中找方向

学生的生活看似单调，其实细细挖掘，也可以发现诸多趣味：一场精彩纷呈的辩论赛、一次你追我赶的耐力跑、一件期待已久的小礼物、一位陪伴三年的良师益友、一个或活泼开朗或深沉内敛的同桌……这给他们提供了很好的写作素材。但一旦落到书面，又往往语言单调乏味，内容空洞无物，似乎连生活的十分之一精彩都无法表述。如何将生动的生动活付诸笔端？第一步，可以模仿名家写作笔法。

因此，在和学生一起读完法布尔的《昆虫记》后，鼓励他们自由欣赏、感受文中细致生动的描写，如文中对于水甲虫的描写："在池塘的深处，水甲虫在活泼地跳跃着，它的前翅的尖端带着一个气泡，这个气泡是帮助它呼吸用的。它的胸下有一片胸翼，在阳光下闪闪发光，像佩戴在一个威武的大将军胸前的一块闪着银光的胸甲。"学生们再一次直观地感受到比喻、拟人等修辞手法的巧妙运用对于突出写作对象特点的重要意义；读完《水浒传》后，又和他们一起通过有感情地朗读来认识不同人物在外貌、语言、动作等方面的独具特色，如经典片段"武松打虎"中对武松的精彩描写："武松又只一跳，却退了十步远。那大虫恰好把两只前爪搭在武松面前。武松将半截棒丢在一边，两只手就势把大虫顶花皮胳嗒地揪住，一按按将下来。那只大虫急要挣扎，被武松尽力气捺定，哪肯放半点儿松宽。"这一系列的动作描写，将一个武艺高强又有勇有谋的人物形象刻画得栩栩如生。

先通读再精读后，鼓励学生以读书笔记、手抄报等自己擅长的方式记录、展示。这些基础性工作完成后，引导学生进行习作训练，模仿名家，书写多彩大自然，刻画身边熟悉的人来展示其独特的性格。于是，从最初的青涩，甚至"画虎不成反类犬"的滑稽，经历一次次细细研读原著、汲取精华到反复练习，越来越多的精彩小片段涌至眼前："远处的金灿灿的麦田在阳光下泛着荧光，闭了眼，阵阵沙沙声鼓动着耳膜，还有新鲜泥土的气息，夹杂着果蔬的清香，那种幸福感喜悦感一下子打心底流淌出来。"(《秋天的味道》）"与其说厨房是奶奶的阵地，不如说是她一辈子的骄傲。韭菜鸡蛋馅的饺子是她老人家的独门绝技。和面，擀皮，放馅，包合，下锅，整套动作行云流水，没有一丝拖沓。不多时，一个个圆滚滚的小胖娃娃就翻滚出水面，它们晶莹别透，透着淡淡的绿，在热浪中你追我赶，氤氲出满屋子快乐的雾气。"（《冬至的味道》）"沈老师上课十分幽默，与平常严肃的他判若两人。他在讲音乐的力度时，就用了两个典例。只见他边捶桌子，边绷圆了嘴巴，字正腔圆地吼道：'五星红旗迎风飘扬……'唱完《歌唱祖国》，他又立刻换了一种姿态。只见他闭着眼，作陶醉状唱：'风儿静，月儿明，树叶儿遮窗棂啊……'五大三粗的身躯仿佛随着风儿轻轻飘扬一般，竟有一种柔美的错觉。唱完以后，他又说：'如果这两首歌曲的力度换一下，是怎样的呢？'只听他用极其轻柔的嗓音唱道：'五星红旗迎风飘扬……'全班顿时笑成一团，而他又立马边捶桌子边唱：'风儿静！月儿明！树叶儿遮窗棂啊！……'那炸碉堡一般的阵势逗得大家实在忍不住了，一个个笑得趴倒在桌子上。"（《吾班众师》）"在给爷爷上坟回来的路上，我走在爸爸身后，看着面前他佝偻的背，我忽然发现，曾经被很多人称呼为'小安'，不知何时已换成了'老安'，而曾经乌黑的头发，现在竟然也有了丝丝缕缕的银线。我以前怎么没有注意到呢？……"（《那个背影》）

由积累词、句，到模仿连词成段，再到构思成篇，从一个个小的亮点，到一篇颇精彩的文章，这个学习过程其实就是将阅读理解欣赏和写作训练很好结合，有对美的感受，有努力的方向和抓手，对于写作也会有更多的热情。

二、慎思之，思考中挖深度

名著之所以历经百年千年走到我们面前，是因为它们处处凝结闪现着作者甚至是一代人、几代人的智慧光辉，所以阅读名著如果单停留在遣词造句、构思手法等层面，那未免浮光掠影，失之浅显。要引导学生"读且思"，带着思考读书，形成自己独特的阅读体验。比如阅读《骆驼祥子》，通过引导学生查阅写作背景等资料，一步步深入人物内心，思考在那样的社会大背景和成长小环境中，主人公那可以预见的悲剧命运、众人物的性格形成原因等，感受作者对社会中小人物的关注，并由此启发他们对我们身边普通人的观察思考。

八年级的一个午后的第一节课,本就有些困乏,刚刚结束《骆驼祥子》的阅读,课堂氛围显得有些沉重。一转头,窗外是正在粉刷教学楼外墙的工人师傅们。我索性让大家合上书,一起观察,告诉他们这些人被称作"蜘蛛人",并提出:同为社会中的普通人,从祥子到这些人,你会有怎样的联想和思考?用笔记录下来你的感受。这一"写作"方式让学生感到新颖,他们认真观察,脸上的表情慢慢地由戏谑变为了凝重,笔下的文字多则上千,少则几百,看了之后让人不难体会到他们写作时那被触动的心灵。"在那个中秋之夜,他们所做的,只是搬一个马扎坐在门口,望着月亮,似聊着闲天,猛吸一口劣质烟,让泪水像是不经意被呛出来的;女人们则呆坐在潮湿的板房里,想着远方的老母亲和稚嫩的孩子,不禁潸然泪下。没有被烧得暖暖的炕,只有双层的硬板床;没有温暖的小屋,只有隔音效果奇差的临时活动板房;没有美味的月饼,只有从地摊上买来的色泽不甚鲜明的凉菜……"(《民工师傅的团圆夜》)"阴天,四五点钟天就全黑了。外面快下雨了,雷声滚滚,闪电叱咤天空。当我向窗外看时,那些'蜘蛛人'们仍在粉刷那没有完工的墙壁。一阵阵的风在我这儿是惬意,而对于高空的他们,却是摇摆不定的危险。但他们仍在努力着。我被感动了,十分想流泪,但又不好意思。"(《学会尊重》)"透过雨前潮湿的空气,看到对面那两位'蜘蛛人'忙碌的背影,我仿佛看到了初入城时的祥子,那样年轻,那样结实有活力,那样美好,对未知的一切都充满了希望和憧憬。不同的是,祥子是卑微甚至卑贱的,即使他仿佛在地狱里也能做个好鬼,但社会却无情地将他吞噬。而眼前这两位小伙子,我好像能清楚地看到他们坚毅的表情,那是对于普通生活的执着,是对通过双手可以改变命运的笃定……"(《怒放的生命》)

这些文字或许还稚嫩,但文字背后的思考和真情却足以弥补写作技巧的不足。而在对于不同社会背景下普通人命运的关注和思考中,学生们又更深层次地理解了《骆驼祥子》这本名著的优秀之处。

三、笃行之,探索中获提升

在阅读课本上推荐的名著的同时,我们还可以给学生进行阅读的"私人订制"，根据个人不同的喜好，选择不同的书目去读去思考，去写去分享。于是有了读冯至的《杜甫传》之后的"或许，他没有真正意义上与敌人正面交锋。但对于一个文人，在个人困苦时依旧心系苍生，舍生忘死，希望国家安定，这就足够。正是这些人的气节，才会让五千年以后，在这片名为华夏的土地上，流淌的依旧是中华儿女的血脉。"有了读孔庆东的《遥远的高三八》后的"在那个小小的教室里，我们看到了一个开始憧憬未来直面当下的男生，看到了一群开朗真诚敢作敢为的优秀学生，更看到了一批为这群年轻人保驾护航极具喜感极具人文主义精神的老师们。在最美好的时光中，携手并进，让本是枯燥干涩的求学生涯绚烂夺目。"还有读了林语堂的《苏东坡传》后的《东坡先生，我想对你说……》，读了汪曾祺的《人间草木》后的《草木一生》……

有了兴趣，有了积淀，有了思考，之后的书写就源源不断。在这方面，没有所谓的"优等生"和"学困生"之分，只要内心有所触动，人人都可以出口成章、笔下生花。

总之，阅读与写作应是渗透我们日常生活方方面面的。我们通过长时间的阅读、积累，给学生提供各种形式的展示机会，如分享心得、张贴佳作、"出版"班刊，将学生的作品，哪怕是一小段精彩描写都收录其中，印刷成册等，让学生的在阅读写作中获得更多的肯定、乐趣和成就感，就会形成良性循环，从课内推荐名著，到自己去主动广阔的书的世界畅读，并有按捺不住的分享喜悦，这是我们语文老师梦寐以求的。博学之，慎思之，笃行之，这固然是学生将名著阅读与日常写作相结合的好方法，又何尝不是语文老师们持之以恒探索研究的好途径呢？

第三章　香致远

来自整本书阅读实践校的研究

第一节　讽刺小说阅读

在国内，"讽刺小说"一词最早是由鲁迅先生提出的。他认为文学史上足称讽刺之书的，《儒林外史》当属首部。"戚而能谐，婉而多讽"是鲁迅先生定义讽刺小说的重要标准之一。阅读此类作品，旨在欣赏讽刺笔法，联系现实深入理解，体会批判精神。

妙笔绘就众生相，良心讽刺儒林人
——《儒林外史》长篇讽刺小说阅读

新疆建设兵团一中第十二师分校　雷　丽　郑全胜　刘亚楠　余媛媛

【阅读策略】

讽刺小说是按形象性质和题材领域划分的一种小说类型。它是以现实生活中形形色色的丑的事物作为描写对象，以嘲讽、批判、揭露、抨击的态度描述社会中滑稽可笑、消极落后乃至腐朽反动的现象、事物或思想。其主人公多是没落势力的代表或在品质性格上有缺陷的人物。

《儒林外史》是一部以辛辣的笔触对社会现状和儒士命运进行批判揭露的讽刺小说，主要写封建社会后期知识分子及官绅的活动和精神面貌。书中人物众多，事件复杂，关系错综，阅读理解难度较大。那么如何阅读讽刺类文学作品呢？

梳理结构法。阅读长篇章回体讽刺小说，首先要阅读回目。回目在章回体小说中的基本功能是概括本回内容。《儒林外史》通过阅读每个回目，了解小说基本内容，把握小说基本脉络，整本书的故事情节就一目了然。我们可以根据回目梳理结构，列出知识图谱。即王冕传（第1回），儒林众生相

（第二至五十四回），民间四奇人（第五十五回），幽榜（第五十六回）。

归类阅读法。《儒林外史》全书有270多个人物登场，这些人物有主有次，身份各异。我们在阅读时可以对书中的重要的儒生形象进行梳理，记录与这些人物形象关联的事件是什么，同时可以根据人物性格、人物对功名富贵的态度等进行分类，也可以对当时世俗的饮食文化、穿戴习俗等进行归类，这样可以帮助我们记忆故事内容、梳理小说情节。

细读品析法。细节描写是古典章回体讽刺小说的魅力所在，不可忽视。通过深入阅读书中人物活动的细节，学生分析人物言谈举止的具体描写，把握人物形象的性格特点。亦可将读、写、评相结合训练学生的思维，培养学生的综合素养。

联系生活法。吴敬梓在作品中无情地鞭挞丑恶的事物，热情地歌颂正面人物，使作品具有强烈的爱憎情感。尽管作品写的是两百多年前的社会风貌，但作品中描绘的虚伪、假善等丑恶事物，在现代社会中还普遍存在。我们可以在作者塑造的正面理想人物身上找到战胜丑恶事物的正能量。

《儒林外史》采用讽刺的笔调，写出了知识分子的各种丑恶和可笑的形象。从这些人物的生活入手，本书着重批判了当时的一种制度，这个制度就是统治者用以牢笼士人建立封建官僚统治的科举考试制度，在整个封建制度中突出了它的罪恶性。在那个时代，表示不满或进行批判，都有积极的现实意义。通过整本书阅读教学，学生可以了解历史兴衰，知道该怎样做才能使自己立足于社会。以史为鉴，来告诫自己、鞭策自己，使自己在成长道路上少走弯路。

【阅读重点】

《儒林外史》是清代吴敬梓创作的章回体小说，是中国古典讽刺文学的高峰。研究的时候我们要重点注意以下三方面：

1. 体会批判精神。作者塑造人物、叙述故事以揭露某种丑陋的社会现象为目的，重在探究其荒谬的本质，间接表达了对光明的向往。研读要注意体会作者辛辣的讽刺、深刻的批判。

2. 欣赏讽刺手法。想象和夸张是讽刺小说中最常用的艺术手法，要注意引导学生体会。另外，还要特别体会作者传神的细节描写，作者正是通过冷峻的白描手法来达到讽刺的目的。

3. 联系现实深入理解。讽刺作品包含着深刻的批判精神，具有强烈的爱憎情感，要努力联系现实，深入思考。

【教学设计】

<h1 style="text-align:center">千姿百态儒林人</h1>

——《儒林外史》人物专题探究课教学设计

新疆建设兵团一中第十二师分校　雷　丽

一、以"图"绘友——结合回目，采用思维导图的样式呈现儒生们的"朋友圈"。

二、以"圈"会友——通过儒生们的"朋友圈"，学生选读感兴趣的人物，细读有关章节，梳理"众生相"的故事情节。

【示例1】姓名：王惠　　类别：贪官污吏

身份：王孝廉、王举人、王员外、王观察、南昌太守

别号：江西第一能员、"三声"太守

信仰：三年清知府，十万雪花银

主要章节：

第二回　王孝廉村学识同科　周蒙师暮年登上第

第七回　范学道视学报师恩　王员外立朝敦友谊

第八回　王观察穷途逢世好　娄公子故里遇贫交

特点：心狠手辣、贪得无厌、贪生怕死、无德无行

主要事迹：

（1）号称鬼神点化得佳句　（2）怠慢落魄时的周进

（3）百般笼络荀玫　（4）竭力搜刮钱财

（5）"三声"太守　（6）降宁王

（7）骗蘧公孙银子　（8）出家为僧，拒不认子

三、儒林红黑榜——根据相关章节，学生能够从繁杂的信息中进行信息筛选和概括，对主要人物从种类或者性质等角度进行梳理。

通过创建"儒林之最"红榜和黑榜，学生独立进行判断和思考，并且逻辑清晰地表达自己的见解，把握正反面人物形象。组内互评各个任务单，参考彼此的任务单，完成对自己任务单的补充和修正。

"儒林之最"评价参考量规			
评价项目	总分	A符合	B较符合	C不符合
分类合理	30	（20~30）	（10~19）	（9分以下）
排名合理	30	（20~30）	（10~19）	（9分以下）
理由充分客观	40	（30~40）	（15~29）	（14分以下）

四、红榜颁奖词。

1. 根据回目跳读小说文本，绘制"理想人物图像"，能够有条理、逻辑清晰地分析"理想人物形象"。

2. 从烦冗的信息中辨析并选择红榜人物形象，有条理、逻辑清晰为其写200字左右的颁奖词。

寒门学子的出路

——《儒林外史》专题探究课教学设计

新疆建设兵团第十二师三坪农场子女学校　黎　莉

一、前置评价

评价内容	评价标准	评价等级
分析"寒门读书人的出路"思维导图，探讨寒门读书人的理想出路	不了解寒门读书人的相关情况	☆
	了解部分情况，其特点概括不全面	☆☆☆
	能借助思维导图探讨寒门读书人的理想出路等	☆☆☆☆☆
探讨作者为寒门读书人寻找到的出路	没认真阅读"添四客述往思来"部分内容	☆
	了解重点事件的经过，但没有深刻体悟其作者用意	☆☆☆
	能了解重点事件的详情，悟寒门读书人寻到的出路	☆☆☆☆☆
学生作为新时代读书人规划自己的路	规划的出路不切实际	☆
	可以规划可行性的出路，但没有考虑到社会背景	☆☆☆
	能结合同学实际情况，规划出可行性强的出路	☆☆☆☆☆

二、分享过程

【分享目标】

1. 引导学生通过分析"寒门读书人的出路"思维导图，探讨寒门读书人的理想出路。

2. 带领学生分析第五十五回"添四客述往思来"，探讨作者为寒门读书人寻找到的出路的合理性和可行性。

3. 引发学生思考并引导学生作为新时代读书人为自己规划出路。

【教学过程】

课前准备：小组合作，列出寒门读书人的出路。

1. 导入。

回顾范进经历的流程图和范进、周进的对比图，了解为科举而疯的这类读书人的生存状态，思考这是寒门读书人的理想出路吗？寒门读书人的出路到底在哪里？带着问题对寒门读书人的出路进行梳理，构建思维导图。

2.活动设计。

活动一：修改导图理出路

各小组交换"寒门读书人的出路"思维导图，互相学习和点评，交流后修改、完善本小组的思维导图。（每张图附带三张点评贴纸，起码要有两个小组评，每个小组至少提一个建议）

点评可以考虑的规则：

（1）归类是否得当？

（2）人物经历提炼是否准确？

（3）情节与文本是否相符？

活动二：分享导图评出路

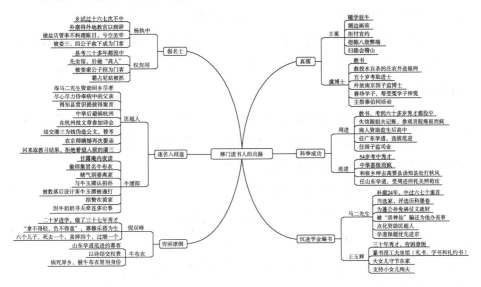

根据思维导图的整理，小组分享、点评各条出路，寻找出最佳出路。

老师分享自己的思维导图，师生一起点评书中各类寒门读书人的出路是否可取，学生排除掉了很明显不可取的几种，剩下相对较优的三种：中举者、入世的虞博士、出世的王冕。

中举者：作者借王冕之口说出读书人有了这一条"荣身之路"，就会把"文行出处"看轻了。中举者进入了官场很快就被同化，官官相护，成为科举制度的推行者。例如周进和范进，都做了学道，周进提拔了与自己同病相怜的范进，文章看了三遍才觉得是"天地间至文"。范进更明显，不仅要提拔周进点名的弟子荀玫，连考的最低等要被打板子的梅玖也因为冒充周进弟子被轻轻放过。他们的中举之路也颇耐人寻味，周进靠的是商人帮忙捐的监生，范进靠的是考官的恻隐之心，这两者都是可遇而不可求的，一般的寒门学子很难有这样的运气，而且他们都年纪老大才中举，大好年华都在穷困潦倒的年复一年的应考中消耗掉了，不算好的出路，作者也用他们悲极而疯和喜极而疯的可怜又可笑的丑态否定了他们。

入世的虞博士：作者特别推崇的真儒，在其位谋其政，他任南京国子监博士时，造福一方学子，还是文坛盛事泰伯祠祭祀大典的主祭。可是他离去后，贤人君子"风流云散"，泰伯祠也日渐破败。

出世的王冕：作者理想中的大儒，他安贫乐道，拒绝做官。最后为了躲避做官，到了会稽山隐居。在乱世中能够独善其身，保持自己的操守，是作者眼中的楷模。

虞博士和王冕是作者推崇的理想人物，但他们的路不可复制，单他们的才学与品行远高于时人，在那个时代，个人的影响力是有限的，仅限于一时一地，作者仍需为一般的读书人探寻出路。

活动三："述往思来"探出路

第五十五回"添四客述往思来 弹一曲高山流水""四客"中，谁是"述往"？谁是"思来"？代表着作者怎样的思考？

盖宽述往，其他三人思来。过往的盖宽交代了结局，有人家出八两的束脩请他教馆去了。"思来"的三位都没有交代，这个开放的结局，吴敬梓也无法预料。

有人认为，《儒林外史》是一部儒林痛史，是第一个用一系列足以构成体系的形象，把人才的消磨作为社会性的危机提出来的，这是特别有价值的思考。确实如此，即便受时代与阶级的局限，吴敬梓看不到更清晰的方向，但能引发后世对此更多地思考与改革，也是有进步意义的。

3. 研学拓展：设计自己的出路。

作为新时代的读书人，你认为自己的未来有哪些可能？请给自己设计至少三条自己认同的出路。（可以用文字，也可以用思维导图）

4. 作业布置。

在给自己设计的三条未来之路中，选择自己最喜欢的一条，站在十年后的这个时间点，发挥自己的想象力，"述往思来"，写一篇不少于300字的微作文，并在班会上和同学们分享、交流。

分享讲述评价量表		
项目	要求	等级
方式	有准备，斟酌言辞，想好开头和结尾，语调平缓	☆☆☆☆☆
	有准备，斟酌言辞，开头或结尾没想好	☆☆☆
	无准备，未斟酌言辞，开头、结尾未想好	☆
内容	重点突出，条理清楚，运用说话技巧	☆☆☆☆☆
	重点较突出，条理清楚	☆☆☆
	重点欠突出，条理不太清楚	☆
表达	运用口语，多用短句，辅以体态，自然得体	☆☆☆☆☆
	运用口语，运用短句	☆☆☆
	表达过于书面化，长句使用频繁	☆

美食之旅

——《儒林外史》中的饮食文化专题课

乌鲁木齐市第126中学　殷　雪

饮食是人类生存的基本需要，《儒林外史》作为一部现实主义杰作，忠实地再现了明清时期尤其是在"康乾盛世"期间中下层普通人群的日常生活，饮食起居。作品记叙了大量饮食品种，其中食品又可分成正食、辅食和汤羹，饮品主要是茶、酒。

一、前置评价

内容	标准	等级
找出《儒林外史》中的食物，熟悉相关情节并归类	不了解《儒林外史》中食品的相关情况	☆
	了解部分情况，掌握不全面	☆☆☆
	熟悉相关情节，并能够借对食物进行正确归类	☆☆☆☆☆
能够从不同角度介绍美食，清楚其食用对象和目的	仅能够说出美食的名称	☆
	了解美食的制作方法，食用对象和食用目的	☆☆☆
	可以具体生动地说出美食的制作方法及食用对象、目的	☆☆☆☆☆
结合具体内容准确深入地分析作者介绍美食的内在意图，感知作品主题	不能结合内容分析作者的意图	☆
	能结合具体内容分析作者意图，简单地感受作品主题	☆☆☆
	结合具体内容分析作者意图，作品的主题思想，并有自己的独到见解	☆☆☆☆☆

二、教学设计

【阅读目标】

1. 细读《儒林外史》，找出其中的食物，熟悉相关情节，并能够归纳分类。

2. 能够从不同角度介绍美食，清楚其食用对象和食用目的。

3. 能够从饮食文化这一新角度来赏析作者对各个阶层的人物生活的细致刻画，进一步感知作者意图和作品主题。

【方法指导】

问题导入法。从寻找美食这一切入点对作品进行细读，感受明清时期长江中下游地区，特别是江浙一带的美食文化。

精读法。细读深思美食背后所包含的人情百态，深入思考作者的写作意图。

讨论法。将自己的所思所感与同学交流讨论，了解作者描写食物看似与所涉及的人物不加褒贬，实则将讽刺的意味置于字里行间的精妙手法，再次明确作品主题及现实意义。

【教学过程】

课前准备：小组合作，找出《儒林外史》中提及的食物。

1. 导入。

在安徽省滁州市全椒县有一条儒林街，儒林街上有一儒林外史美食街。《儒林外史》中有哪些不能错过的美食呢？

2. 专题活动。

活动一：物以类聚

根据提示，进行分类。

正食，指正餐所吃的饭食和荤素菜食，大约相当于现代意义上的主食和副食，包括吃饭和吃菜两个方面。

饭食，一般指用谷物制成的正餐食品，包括饭、粥、粉等不同状态。

菜食，一般指吃饭时的各种菜肴，包括荤菜和素菜两种。

荤菜，就是指用动物肉等制成的菜食。

素菜，就是用蔬菜、瓜果等做的，不掺有肉类的菜。

辅食，主要指正餐之外的点心、休闲食品等，这些食物的主要功用不在于吃饱肚子，而在于打发时间、开胃、保健等。

食品类型		食品名称	原文
正食	饭食	蓑衣饼、烫面薄饼、馄饨、	第十四回，"（马二先生）看见有卖的蓑衣饼，叫打了十二个钱的饼吃了，略觉有些意思。" "恰好一个乡里人捧着许多烫面薄饼来卖，又有一篮子煮熟的牛肉。" "锅里煮着馄饨，蒸笼上蒸着极大的馒头。"
正食	饭食	青饼	第二十六回，"当下包了几十个钱，又包了些黑枣、青饼之类，叫他带回去与娃娃吃。"
正食	饭食	吊桶底	第二十八回，"这季恬逸因缺少盘缠，没处寻寓所住，每日里拿着八个钱，买四个吊桶底作两顿吃，晚里在刻字店一个案板上睡觉。"
正食	菜食（荤）	腌鱼、腊肉	第一回，"（王冕）或遇秦家煮些腌鱼腊肉给他吃，他便拿块荷叶包了来家，递与母亲。"
正食	菜食（荤）	燕窝、柔鱼、糟鱼、火腿	第四回，"（汤奉请张静斋、范进吃饭）席上燕窝、鸡、鸭，此外，就是广东出的柔鱼、苦瓜，也做两碗。" "严家家人揭了一个食盒来，又提了一瓶酒桌上放下。揭开盒盖，九个盘子都是鸡、鸭、糟鱼、火腿之类。"

食品类型		食品名称	原文
正食	菜食（荤）	海参	第十四回，"（马二先生）望着湖沿上接连着几个酒店，挂着透肥的羊肉，柜台上盘子里，盛着滚热的蹄子、海参、糟鸭、鲜鱼，锅里煮着馄饨，蒸笼上蒸着极大的馒头。"
正食	菜食（荤）	白肉	第十九回，"潘三叫切一只整鸭，脍一卖海参杂脍，又是一大盘白肉，都拿上来。"
正食	菜食（荤）	肘子、板鸭、醉白鱼、香肠、盐水虾、水鸡腿、海蜇	第二十八回，"堂官上来问菜，季恬逸点了一卖肘子、一卖板鸭、一卖醉白鱼。" "季恬逸出去了一会，带着一个走堂的，捧着四壶酒、四个碟子来：一碟香肠、一碟盐水虾、一碟水鸡腿、一碟海蜇，摆在桌上。"
正食	菜食（荤）	江南鲥鱼	第二十九回，杜慎卿道："我今日把这些俗品都捐了，只是江南鲥鱼、樱、笋下酒之物，与先生们挥麈清谈。"
正食	菜食（素）	大头菜、豆腐乳、笋干	第二十一回，"牛老爹店里卖的，有现成的百益酒，烫了一壶，拨出两块豆腐乳和些笋干、大头菜，摆在柜台上，两人吃着。"
正食	菜食（素）	面筋、腐皮	第二十二回，"走堂的搬上饭来，一碗炒面筋，一碗脍腐皮，三人吃着。"
辅食		耿饼	第一回，"他（王冕）慌忙打开行李，取出一匹茧绸，一包耿饼，拿过去拜谢了秦老。"
辅食		云片糕	第六回，"严贡生将钥匙开了箱子，取出一方云片糕来，约有十多片，一片一片剥着，吃了几片，将肚子揉着，放了两个大屁，登时好了。"
辅食		芝麻糖、粽子、处片	第十四回，"（马二看见）柜上摆着许多碟子：桔饼、芝麻糖、粽子、烧饼、处片、黑枣、煮果子。"
辅食		高果子茶、橘饼	第二十一回，"随后卜家第二个儿子卜信，端了一个箱子，内里盛的是新娘子的针线鞋面；又一个大捧盘，十杯高果子茶，送了过来，以为明早拜堂之用。" 第二十一回，"牛老心里着实不安，请他坐下。忙走到柜里面，一个罐内倒出两块橘饼和些蜜饯天茄，斟了一杯茶，双手递与卜诚。"
辅食		茯苓糕	第二十五回，"门口挑了一担茯苓糕来。鲍文卿买了半斤，同倪老爹吃了，彼此告别。"
辅食		软香糕	第二十八回，"杜慎卿自己只吃了一片软香糕和一碗茶，便叫收下去了，再斟上酒来。"
辅食		槟榔	第四十二回，"（汤六老爷）吃过了茶，拿出一袋子槟榔来，放在嘴里乱嚼。"

续表

食品类型		食品名称	原文
汤羹		索粉八宝攒汤	第十回，"陈和甫坐在左边的第一席，席上上了两盘点心：一盘猪肉心的烧卖，一盘鹅油白糖蒸的饺儿。热烘烘摆在面前，又是一大深碗索粉八宝攒汤。"
汤羹		竹蟹羹	第三十一回，"内中有陈过三年的火腿，半斤一个的竹蟹，都剥出来脍了蟹羹。"
饮品	茶	苦丁茶	第二回，"和尚赔着小心，等他发作过了，拿一把铅壶，撮了一把苦丁茶叶，倒满了水，在火上燎的滚热，送与众位吃。"
饮品	茶	六安毛尖茶	第二十九回，"杜慎卿叫取点心来，便是猪油饺饵、鸭子肉包的烧卖、鹅油酥、软香糕，每样一盘拿上来。众人吃了，又是雨水煨的六安毛尖茶，每人一碗。"
饮品	茶	梅片茶、贡茶	第四十二回，"葛来官叫那大脚三把螃蟹壳同果碟都收了去，揩了桌子，拿出一把紫砂壶，烹了一壶梅片茶。" "次日，大爷备了八把点铜壶、两瓶山羊血、四端苗锦、六篓贡茶，叫人挑着，一直来到葛来官家。"
饮品	茶	真天都	第四十六回，"坐定，家人捧上茶来。揭开来，似白水一般，香气芬馥，银针都浮在水面，吃过，又换了一巡真'天都'，虽是隔年陈的，那香气尤烈。"
饮品	茶	银针茶	第五十三回，"房中间放着一个大铜火盆，烧着通红的炭，顿着铜铫，煨着雨水。聘娘用纤手在锡瓶内撮出银针茶来，安放在宜兴壶里，冲了水递与四老爷，和他并肩而坐。"
饮品	酒	百花酒	第二十七回，"如今快秤三钱六分银子，到果子店里装十六个细巧围碟子来，打几斤陈百花酒候着他，才是个道理！"
饮品	酒	橘酒	第二十九回，"当下摆上来，果然是清清疏疏的几个盘子。买的是永宁坊上好的橘酒，斟上酒来。杜慎卿极大的酒量、不甚吃菜。"
饮品	酒	封缸酒	第四十五回，"说罢，摆上酒来。九个盘子……烫上滚热的封缸酒来。"
饮品	酒	烧酒	第五十三回，"说着，摆上酒来。都是银打的盆子，用架子架着，底下一层贮了烧酒，用火点着，焰腾腾的暖着那里边的肴馔，却无一点烟火气。"

学生小组合作，进行分类。

活动二：介绍美食

学生从不同角度介绍美食。

角度1：食物制作方法。

从《儒林外史》所写饮食品种来看，饮食的烹制方法更为成熟、多样、复合。各种烹制方法中最基本的就是烧和煮。制作方法越精深，食物也就越精妙。

学生结合具体食物进行分析。

【教师总结】

烧，用水为加热体，使原料成熟的技法也可称烧，如烧水、烧火做饭。

煮，米饭、粥、面条、羹、汤等多用煮法，还可煮鸡、煮鱼、煮牛肉。

蒸，利用蒸汽为传热介质使原料成熟的技艺，如鹅油白糖蒸的饺儿、蒸笼上蒸着极大的馒头。

烫，利用沸水使原料加热成熟的技法，如烫了一壶酒。

炖，将原料密封于器皿中，加多量水，大火烧沸后转用中、小火长时间恒温加热，使汤汁醇清、肉质酥软而不失其形的烹制汤菜的技法，《儒林外史》中有炖鸭。

炒，将经过刀工处理的片、丝、丁、条、粒等或小型原料，在大火热油中加热，迅速翻锅炒拌、调味、勾芡成菜的技法，如炒韭菜、炒肉、炒米、炒虾。

炸，以大油量、大火加热，使原料成熟的技法，如炸麻花；煎，原料不限生熟，但必须加工成扁平形，用少油量加热，两面煎黄至成菜的技法，如煎鱼。

煨，将原料加水用器皿盛好埋入火灰中加热成熟的方法，如煨得稀烂的猪肉。

熬，又称爊，将小型原料加汤水、调味料，用大火烧沸后，转中、小火长时间熬，至原料熟烂成汤菜的技法，如熬青菜。

糟，将原料浸入以糟为主的各种调味料配成的糟卤中，使之具有浓郁糟香的成菜技法，如糟鱼、糟鸭、糟鸡。

醉，原料在以酒为主的味汁内醉制成菜的技法，如醉白鱼。

腌，以盐为主要调味料，擦抹揉搓原料，并经静置入味成菜的技法，如腌鱼、腌冬菜。

角度2：食用对象及食用目的。

《儒林外史》中人们的日常饮食皆以果腹为主，特别是经济拮据的人和家庭，对于菜肴、礼制并不十分讲究，其食物常常是诸如馒头、包子、青菜、面筋、豆腐干之类，当然较好一点的日常饮食也不乏鸡、鱼、鸭、猪肉等。

学生结合具体食物进行分析。

【教师总结】

就日常饮食而言，有自家饮食和待客饮食的不同。一般平民，自家饮食都比较简单，由于社会经济水平的低下，果腹成为人们饮食的主要目的，且以素食为主。第一回写到秦老"每日两餐小菜饭是不少的"，有时候会稍作改善，"煮些腌鱼腊肉"。颇有势力地位的乡绅、士人自家饮食多有荤食，第三回胡屠户说张静斋家一年"肉也要用四五千斤"。而一些贫寒士人生活困顿，饮食也极为简单，甚至连吃饱肚子都无法保证，第十一回杨执中"常日只好吃一餐粥"。像范进的家庭在发迹以前，日常也只是"小菜饭"有时甚至揭不开锅；周进坐馆时也只是"一碟老菜叶，一壶热水"。

招待客人的饮食当然要丰盛一些。第二回薛家集的人们聘请周进来教学，第一次凑份子宴请周进的酒饭虽没有山珍海味，可在当时的乡间也算是不薄了，"每桌摆上八九个碗，乃是猪头肉、公鸡、鲤鱼、肚、肺、肝、肠之类"。第四回佃户何美之招待僧官的火腿"吊在灶上，已经走油了"，这种现象也说明了当时下层人民生活艰难。

"走油"是一种现象，是指腊月的腌鱼腌肉到了春天清明节后，天气渐暖，由于时间较长，温度升高，腌鱼腌肉就会变质，其中的一部分油脂，大概由于氧化，形成一种不宜食用的成分，表现为鱼肉的表面泛上一层暗黄色，闻之有刺鼻之味，但是，用热水认真清洗，削去部分表面，仍可食用。为什么会有这种现象呢，这是由于下层人民不容易腌制鱼肉，只有过年，才会适当腌制一些，而自己又不舍得轻易食用，往往留着招待客人。这样，时间一久就会走油。用走了油的腌鱼腌肉招待客人，往往是较为贫寒之家的常事，这在今天，特别是比较艰苦的农村地区，仍有此类事情出现。

而像蓬公孙那样稍殷实的家庭，便可以"炖鸭""煮鸡""烧鱼""煨猪肉"。第十一回邹吉甫知道杨执中是个"穷极的人"，没有什么东西招待娄三公子和娄四公子，于是"问女儿要了一只鸡，数钱去镇上打了三斤一方肉，又沽了一瓶酒，和些蔬菜之类"，其实，邹吉甫自己也很贫穷，他却替比他更穷的杨执中着想，从中我们感受到了淳朴的乡风和浓浓的乡情。

即使是最下层的老百姓，招待客人的食物都是这样丰盛，更不用说讲究的中上层人士了。一些贵公子的待客豪举不胜排场，第十二回娄府两公子邀集众名士"大宴莺脰湖""两公子请遍了各位宾客，叫下两只大船，厨役备办酒席，和司茶酒的人另在一个船上；一班唱清曲打粗细十番的，又在一船……酒席齐备，十几个阔衣高帽的管家在船头上更番斟酒上菜"。第二十九回杜慎卿"对名花，聚良朋"，喝的是永宁坊上好的橘酒，饮的是雨水煨的六安毛尖茶，而这些东西对于连一日三餐都不能保证的下层人来说是可望而不可即的。杜慎卿"只拣了几片笋和几个樱桃下酒"，后来过了一两日被季恬逸三人拉到聚升楼酒馆里，"众人奉他吃菜，杜慎卿勉强吃了一块板鸭，登时就呕吐起来"，其中当然有杜慎卿的故作之情，但也从一个侧面反映了社会上层的饮食理念。第三十一回杜少卿宴请韦四太爷等人，"那看馔内中有陈过三年的火腿，半斤一个的竹蟹，都剥出来脍了蟹羹"，饮的是"埋在地下足足有九年零七个月"的糯米陈酿，"和曲糊一般，堆在杯子里，闻着喷鼻香"，更有煨的七斤重的老鸭。这些精美的饮食既是身份的标志，也彰显主人的豪爽慷慨。

活动三：思考探究

《儒林外史》中的美食令人心向往之，但作者的意图仅是介绍美食这么简单吗？

学生结合具体食物进行分析，交流看法。

【教师总结】

作者对事物的描写烘托人物形象，看似对所涉及的人物不加褒贬，实则将讽刺的意味置于字里行间，其精妙的手法正是这部小说的亮点。

在饮食描写中，汤家大爷二爷去参加乡试时所携带的吃食从种类到数量让人瞠目结舌。"月饼、蜜橙糕、莲米、圆眼肉、人参、炒米、酱瓜、生姜、板鸭""足足料理了一天，才得停妥"。如此充分的准备工作、如此大的排场，却并没有让读者感觉到如二人所说的功名事大、不可草草，反而觉得他们正因为没有什么内在的才学，才将物质准备得如此充足，企图能弥补自己思想的空虚。

　　严监生的吝啬形象以其"两根灯芯"的笑话为世人所知晓。而除此之外，作者在饮食方面也以夸张的手法突出表现了其守财奴的嘴脸。在妻子过世之后，严监生悲痛万分，以致身体每况愈下。但即便家产充裕，严监生在饮食不进、骨瘦如柴时仍舍不得花银子吃人参，每日只吃两碗米汤，卧床不起。每日两碗米汤为生大抵是不足以维持生命的，家里的仆人及二太太赵氏也必不会对一家之主如此不加照管。想来作者是使用这种夸张的表现手法来突出严监生视财如命的可笑形象。直接写实描写严监生吝于吃穿用度的说服力和表现力远不如这种令人难以置信的写法深入人心。

　　何美之说："前日煮过的那半只火腿，吊在灶上，已经走油了，做的酒也熟了，不如吃了他罢。"作者在这里借走油的火腿给人的油腻之感象征了慧敏和尚粗俗、贪荤、为僧不戒的形象，也与后文中其"敞著怀，挺著个肚子，走出黑津津一头一脸的肥油"的形象相呼应。除此之外，邹吉甫陪娄三娄四公子吃饭，说道："而今人情薄了，这米做出来的酒汁都是薄的。"淡薄的酒汁让读者联想到淡薄无力的社会制度，这样的描写也暗示了现世朝廷的无能不治和社会的虚伪做作。

【作业布置】

深入思考美食背后的意义，与同学讨论交流。

讨论交流评价量表		
项目	要求	等级
方式	有准备，斟酌言辞，想好开头和结尾，语调平缓	☆☆☆☆☆
	有准备，斟酌言辞，开头或结尾没想好	☆☆☆
	无准备，未斟酌言辞，开头、结尾未想好	☆
内容	重点突出，条理清楚，运用说话技巧	☆☆☆☆☆
	重点较突出，条理清楚	☆☆☆
	重点欠突出，条理不太清楚	☆
表达	运用口语，多用短句，辅以体态，自然得体	☆☆☆☆☆
	运用口语，运用短句	☆☆☆
	表达过于书面化，长句使用频繁	☆

第二节　科幻作品阅读

科幻小说，依据科学技术上的新发现、新成就以及在这些基础上可能达到的预见，用幻想的方式描述人类利用这些新成果完成某些奇迹的新型小说。它是通俗小说的一种。青少年阅读科幻小说，应多注意科幻小说的创意，关注现实，将科幻思维融入日常生活中，提高处理疑难事物和人际关系的能力。

科幻文学SQ3R五步阅读策略教学个案研究
——以《海底两万里》整本书阅读为例

青岛弘毅中学　李　琳

近年来，《三体》《流浪地球》《毒液》等一系列科幻小说和影视作品受到人们的喜爱和追捧。科幻类作品能够带给人们心灵上的震撼和思想上的冲击。科幻文学的文本阅读在语文教学中也同样具有无可替代的价值，有效带领学生走进科幻文本的奇幻世界，感受科学技术的神奇魅力是重要的教学任务，让学生在科幻文学阅读中掌握阅读策略，提升阅读素养。

一、阅读策略

（一）作品分析

《海底两万里》是部编版初中语文教材七年级下册的单元导读篇目，也是《义务教育语文课程标准（2022年版）》推荐的凡尔纳科幻类作品的代表，具有丰富的科幻元素、文学特性和教学价值。《海底两万里》通过大胆的想象用生动有趣的笔触描写了人类对海洋和海底世界的幻想。故事情节扣人心弦、悬念丛生。冰山封路、土人攻击、与鲨鱼搏斗等情节惊险刺激。《海底两万里》也刻画了许多令人印象深刻的人物形象，冷静温和、坚毅果敢的尼摩船长，学识渊博、无所不知的阿龙纳斯教授，生性沉稳的康塞尔和勇敢狂野的尼德·兰等，作者对不同人物采用不同的动作、心理、神态描写手法进行刻画，在写作技法上也提供了良好示范。科幻文学作品独有的丰富的科学知识、客观严谨的写作技巧也在这本书中体现得淋漓尽致："诺第留斯号"潜艇的数据、千奇百怪的海洋生物……大量的数据和事实记录在提升学生语言构建能力方面具有重要作用。另外，这部作品的写作背景和思想内核蕴含了深刻的社会批判精神、丰富的人道主义关怀和强烈的社会责任感，一行人勇敢探险、临危不惧的精神品质也能让学生收获颇丰。

（二）学情分析

初中学生对事物保持着强烈的好奇心，对于探险猎奇题材的作品充满兴趣。七年级学生经过上学期阅读课的训练，对长篇小说有一定认识，能够基本掌握长篇小说的阅读方法，能借助工具书开展自我阅读，但对于长篇小说也存在畏难情绪，缺乏长期阅读耐心，他们在阅读长篇小说时，更多地注重故事情节发展，片面地理解人物形象，缺乏对故事内涵的理解和思考。在阅读策略方面，喜欢绘图、表演、讨论等学习方式，不喜欢归纳、摘抄、总结等活动。

（三）课标要求

《义务教育语文课程标准（2022年版）》修订以来，对7~9年级学生的名著导读与整本书阅读都提出了更高标准，更明确、更具体的要求。具体实施方案如下。

（1）阅读革命文学作品，如《革命烈士诗抄》《红岩》《红星照耀中国》等，体会、评析革命领袖及革命英雄的爱国精神和人格魅力。

（2）独立阅读古今中外诗歌集、中长篇小说、散文集等文学名著，如《朝花夕拾》《骆驼祥子》《艾青诗选》《西游记》《格列佛游记》《钢铁是怎样炼成的》等。根据阅读进度完成读书笔记，针对作品的语言、形象、主题等方面展开研讨。

（3）开展多样的读书活动，丰富拓展名著阅读。借助多种媒介讲述、推荐自己喜欢的名著，说明推荐理由；尝试改编名著中的精彩片段；结合自己的阅读体会，尝试撰写文学鉴赏文章。

同时新课标也对名著的考察方向提出了明确要求：注意考察阅读整本书的全过程，以学生的阅读态度、阅读方法和读书笔记等为依据进行评价。教师可以围绕读书的主要环节编制评价量表，制作阅读反思单，引导学生从阅读方法、阅读习惯等方面进行自我反思、自我改进。

（四）阅读策略与理论基础

SQ3R阅读策略，即S-Q-R-R-R五步阅读法，SQ3R起源于美国，后被世界各国使用，学者普遍认为，这一阅读策略对于激发学生创造力、提升学生阅读素养起到了良好的作用。第一步"Survey"为"浏览文本"，对整个阅读文本有整体认知和把握，了解文本标题、目录、页数、大体内容、主题等。第二步"Question"为"提出问题"，在对阅读文本有大概了解的基础上，学生通过具体问题加深了解，如：我对这一阅读文本知道了什么？作者想表达什么？我想通过阅读获得什么？第三步"Read"为"阅读文本"，学生带着已列出来的问题速读、细读文本，并注意细节（可进行标注）和阅读时间。第四步"Recite"为"复述内容"，可以回答问题的答案，也可以复述文本的内容，主要复述对象可以是同学、老师，也可以是家人、朋友。第五步"Review"为"温习文本"，通过再次回顾温习阅读文本，加深对文本的理解和记忆。

图1　五步阅读策略

科幻文学阅读教学需要文艺学、教育学、心理学等方面的理论支撑，在这些理论的基础上选择或形成阅读策略才具有科学性、指导性。

1.读者接受美学。

接受美学是20世纪60年代新兴的文学理论，认为文学作品的价值不仅仅是其内容和思想，还是更多地需要读者在阅读中实现，读者的接受过程就是作品获得生命和最后完成价值的过程。读者对作品的接受、阅读和理解都带有个体性、主观性，正是这种主观性才是作品的价值所在。所以在《海底两万里》的阅读过程中，教师指导学生了解作品的社会化解读，更多的是通过学生自主阅读和课堂活动形成学生自身对作品的接受。

2. 建构主义理论。

建构主义理论是认知心理学派的重要理论，它通过引入图式概念，认为人的认知是在任何客观世界的互动中不断完善、完成的过程，所以这一理论强调学生对知识的主动发现、主动探索和有意义的建构。在阅读中，教师作为媒介，辅助学生完成对作品认知的建构，主要还是需要发挥学生主动性，去发现、探索、思考，从而完成阅读过程，提升认知水平。

二、阅读案例

（一）实践对象

七年级（8）班学生，共计 47 人。

（二）实践思路

选取《海底两万里》一书，在阅读之前，向学生介绍 SQ3R 五步阅读策略，让学生在脑海中有意识地记忆、学习这一阅读策略，按照五个步骤，通过分发阅读报告、阅读记录清单、阅读问题汇总表、阅读任务表，组织辩论赛、头脑风暴、观影交流等活动，让学生完成对科幻文本《海底两万里》的阅读。

（三）实践效果预期

1. 学会运用SQ3R阅读策略，积极开展阅读学习活动，循序渐进完成科幻文学阅读。

2. 熟悉《海底两万里》基本内容，能简单复述故事情节。

3. 分析人物形象，把握人物的复杂性格，积累描写场景和人物的具体语句、段落。

4. 诵读《海底两万里》中关于海底世界或神奇生物的描写语句，体会科幻文学独特的语言魅力。

5. 感悟文本的思想内涵，体会人类不惧艰险、勇敢挑战的美好品质。

（四）实践过程

1. 浏览文本（Survey）。（1课时）

其一制作并分发《阅读报告》。

学生自主阅读：让学生翻看图书名称和各章节，任意阅读图书中的章节、段落，通过他们已有的经验发散思维，对图书故事和章节内容进行联想和想象，填写阅读报告，并鼓励学生互相分享，让他们尽可能完善地去构思自己心中的"海底世界""航海故事"。

SQ3R五步阅读策略——阅读报告		
Survey	你阅读的书目名称	
	该书有几章	
	你对哪些章节比较感兴趣	
	通过书名和目录，你觉得这本书讲了什么	
	如果是航海旅行的话，需要什么交通工具	
	你觉得什么样的人才能当船长	
	如果你是船长，你会选择什么样的伙伴	
	你看过相关的书、漫画或电影吗	

教师导读：同学们，刚才老师已经听过各位"小作家"的航海冒险故事了，还有一些同学观看过《海贼王》这部动漫。接下来呢，我为大家介绍一下跟我们一起冒险的好朋友——凡尔纳。

他被称为"现代科学幻想小说之父"，从儿时起，他就梦想成为船员，长大后却成为一名律师，但是他从来没有放弃过梦想，他把自己幻想的历险漫游梦写在了书里，从地球到宇宙、从海底到天空，他描绘了很多奇妙的未知世界，他的幻想世界里充满了科学，书里的很多幻想现在已经成为现实，让我们一起了解一下他描写的海上历险故事吧。

其二分发《每日阅读记录》。

除了课堂阅读，学生主要利用课余时间进行快速阅读，并记录阅读时长和阅读篇目，学生在每日阅读记录中，对喜爱的内容进行摘要，记录阅读过程中遇到的问题。老师只规定阅读书目的完成时间范围，允许学生阅读速度有快有慢。

《海底两万里》每日阅读记录卡			
班级	姓名	完成时间 （ ）分钟	
今日阅读章节（ ）	概括：1. 2. 3.		
佳句摘录与批注	佳句：_____ _____ _____ 赏析式：_____ 评价式：_____ 想象式：_____ 质疑式：_____		
今日最感动故事	提炼：		
今日人物名片	人物姓名	对应事件	人物性格关系图
我的新发现			
我的问题与疑惑			

2. 提出问题（Question）。（1课时）

学生自主提出问题：通过对学生每日阅读记录批阅，汇总学生在阅读过程中遇到的问题，整理成为阅读问题汇总表，部分问题如下：

为什么写海底旅行前的故事？

"诺第留斯"号真的存在吗？现在能复原吗？

尼摩船长为什么复仇？

尼摩船长为什么不让他们知道复仇计划？

……

教师导问：同学们，我们通过浏览课文，已经知道这本书讲述的是尼摩船长一行人周游海底的故事，那么老师也留三个问题：

（1）船长一行人经历了许多海域，老师简单地用导图标注了，但是只有圆圈和箭头，需要你们补充完整，并在地图上绘制出来他们的航海路线图。

（2）按照作者的描写绘制出"诺第留斯"号潜艇，并简要描述一下外形、舱室和动力来源等。

（3）如果你要去奔赴一场冒险，你会选择《海底两万里》中的哪一个人物作为助手？为什么？

3. 阅读文本（Read）。（1课时）

学生自主阅读：自己根据问题进行详细的阅读，并有意识地对重点内容进行标记。

教师辅助阅读：教师发放阅读任务表格，让学生进行填写完成。

SQ3R五步阅读策略——阅读任务		
	任务一：绘制航海路线图	
	任务二：结合文本分析人物特点	
Read	第1-5章	人物职业描述语句	
	第8章	尼摩船长描写语句，总结性格特点	
	第9章	标注描写尼德兰、阿龙纳斯描写语句，总结性格特点	
	第21-25章	人物 / 外貌 / 语言 / 神态	
	.	你最喜欢哪个人物，为什么？	
	任务三：绘图解说"诺第留斯"号	
	尝试绘制潜艇图，并解说"诺第留斯号"（小组合作完成）	

附：学生作品

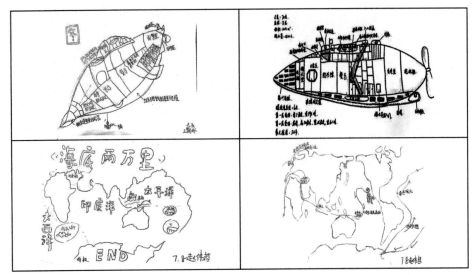

图2 学生作品

4. 复述内容（Recite）。（2课时）

学生自主阅读：学生对汇总表上的问题进行回答，并完成三项阅读任务，通过复述，学生能够熟悉故事情节和人物特点，也能通过作者对"诺第留斯"号的描写感受科学技术的魅力和科幻语言的独特性。

复述情节评价量表：

评价项目	评价等级	等级描述
	甲	能准确、全面概括情节内容，把握人物性格、精神，理解作者写作意图，有自己个性化的阅读体验与判断
	乙	能较准确、全面概括情节内容，把握人物性格、精神，理解作者写作意图
	丙	能概括情节内容，把握人物性格、精神
	丁	概括出的情节较少

教师导读：教师根据学生复述，归纳故事情节、人物特点及艺术特色，对文本内容进行整理总结，为学生构建完整的文本阅读背景，便于后续课堂活动展开。

课堂活动：辩论赛

辩题：尼摩船长是英雄还是恶魔

通过对尼摩船长复杂矛盾性格特点进行讨论辩析，引导学生进一步理解作品中蕴含的"对殖民侵略的谴责与痛恨，对自由的追求"这一主题。锻炼学生的语言表达能力、独立思考能力和文本解构能力。

5. 重温文本（Review）。（3课时）

课堂活动1：观看电影《海底两万里》（1997年），学生对比电影和文本的不同，进一步重温《海底两万里》的故事情节，领略不同人物魅力。

课堂活动2：头脑风暴，学生发散思维，畅所欲言，对话题进行讨论交流。话题罗列如下：

（1）《海底两万里》是科幻文学，你认为"科"在哪里？"幻"在哪里？

（2）如果你是尼摩船长，你会跟他一样选择复仇吗？

（3）如果你是阿龙纳斯/康塞尔/尼德·兰，你会怎么描述你的航海旅行呢？

三、教学评价与反思

（一）学生阅读行为

回归学生在阅读过程中真实的表现状态，在学习态度方面，学生能够主动完成课堂阅读和自主阅读，按照SQ3R步骤完成教学任务，学生能够提交阅读成果，在阅读整本书的基础上，学生能够主动分享书籍内容、积极参与课堂活动，教师能够直接观察到学生由疑惑到解惑的转换过程；学生都能够掌握故事情节、多角度解读人物形象、深刻理解主旨思想，通过头脑风暴活动，学生语言表达能力和发散思维能力有所提高；在学习方法方面，学生基本能够按照教师的安排完成SQ3R阅读法，但由于长篇文学作品难度大，很大程度上需要教师的指导，所以在独立运用这一阅读策略完成整本书阅读方面仍有欠缺，后期可多使用短篇科普文来训练这一阅读策略。

（二）教学实施评价

整个阅读过程循序渐进，既不给学生阅读造成压力，又能分阶段完成阅读和教学任务。在语言建构与运用方面，学生很大程度上提升了对重点描写、重点语句的理解能力，了解了科幻文学写作手法，极大地加强了自身的语言表达能力；在思维提升和发展方面，能够多维度、多角度分析认识人物，想象力和发散思维得到拓展；在审美鉴赏和创造方面，能够理解自然美、人性美，也能领略到科幻文学的奇幻。但是笔者在运用SQ3R阅读策略实施教学过程中，课时安排、设计意图还需要进一步细化，每一步骤中的阅读方法仍需要进一步拓展丰富。

第三节　诗歌作品阅读

现代诗歌作品在创作时间上有别于古代，思想内容上推陈出新的文本类型。作为文学创作的一部分，其审美性主要体现在意象美、语言美和情感美方面。《艾青诗选》作为我国现代诗歌选集的代表作，充满了战斗精神和饱满的进取精神，是我国近代人民从被压迫到"站起来"的真实写照。

苦难中的追光者

——项目化学习在《艾青诗选》整本书阅读中的教学实践

青岛弘毅中学　谭艳琪

《艾青诗选》可谓现代诗歌中集艺术审美、思想内蕴、历史价值于一体的诗歌选集。它浓缩着时代苦难与伤痛，凝聚着拳拳赤子之心，情感炽热而深沉，语言朴素而真挚，引领初中生走近伟大诗人，感受时代脉搏，引发心灵共鸣。

《艾青诗选》几乎完整而完美地呈现了中国文学从艺术自觉走向国家忧患的创作历程。然而，现代诗歌艰涩难懂，跳跃性较大，意象内涵丰富，加之时代背景与现在相去甚远，因此，在《艾青诗选》整本书阅读教学过程中，仍存在一些亟待解决的问题：第一，阅读内容"碎片化"。教师教学缺乏对文本内容的整体化设计，导致知识间的孤立与割裂。九年级学生阅读时间零散，阅读能力薄弱，功利性阅读使学生更关注零碎的记忆性知识点，以阅读内容梗概、经典片段来替代整本书深度阅读，这就极大影响了学生发展阅读素养。第二，教学方式"机械化"。教师缺乏对学生阅读的针对性指导，按照固有模式授课，导致学生对文本内容的兴趣缺失。学生很难就整本书的阅读内容谈真实感悟，最终只能就单篇诗歌谈浅薄认识，甚至是上网查资料拼凑而成，这就背离了整本书阅读教学的初衷。第三，教学评价"单一化"。学生的兴趣点、存在的问题、阅读中的情感体验、阅读效果最终如何，教师缺乏科学有效的评价体系，往往通过做题、读后感等形式进行单一化评价，导致学生阅读质量和综合能力下降。

【阅读策略】

基于以上分析，可在整本书阅读教学中引入"项目化学习"理念，引导学生的阅读活动，消除目前的教学困惑。"项目化学习"源于杜威的"做中学"和克伯屈的教学设计法。巴克教育研究所认为"项目化学习"是一套系统的教学策略，"它是对复杂、真实问题的探究过程，也是精心设计项目作品、规划和实施项目任务的过程，在此过程中，学生能够掌握所需的知识和技能。"夏雪梅则认为"项目化学习是一种系统地学习设计，包括核心知识、驱动性问题、高阶认知、学习实践、公开成果以及全程评价六个要素。"根据以上研究成果，可总结"项目化学习"的显著特征为：围绕一个核心知识或问题；设置真实情境；以问题为驱动；开展合作探究活动；帮助学生构建知识、掌握技能；最终形成公开学习成果。"项目化学习"不拘泥于学生阅读的低阶认知，指向高阶思维培养，力求在真实情境中整合与建构知识，强调目标、计划、评价的实施，以及阅读过程的统筹安排，促使学生在探究实践中得到丰富的审美体验，具有开放性、创新性和自主性。

《义务教育语文课程标准（2022年版）》指出，在整本书阅读教学中，"设计、组织多样的语文实践活动，如师生共读、同伴共读，朗诵会、故事会、戏剧节，建立读书共同体，交流读书心得，分享阅读经验。"教师要整体把握作品，以学生活动为主导，以核心问题为驱动，加深对核心知识的理解，点燃学生对现代诗歌阅读的热情，提高学生的现代诗歌审美素养和实践能力。本文以《艾青诗选》为例，探究"项目化学习"在整本书阅读中的教学策略。

【核心知识】

《艾青诗选》与九上第一单元诗歌活动探究的核心知识密切相关，如何读《艾青诗选》，感受诗歌的魅力。

【驱动性问题】

《艾青诗选》项目化学习情境创设要遵循贴合学生真实生活、富有趣味性、驱动性强、契合教学目标和学习活动的原则，设计驱动性问题为如何打造一期撼动人心的公众号推文，以"《艾青诗选》推广策划征集令"为引入项目活动，推动学生在诗歌学习过程中的创新实践。

【项目规划】

根据核心知识和驱动性问题，组织学生开展头脑风暴活动，最终制定《艾青诗选》项目化学习规划表。

《艾青诗选》项目规划			
活动阶段	任务内容	设计意图	时间安排
任务一：文创作品观艾青	1.通读《艾青诗选》，请你选出自己喜欢的诗歌，进行自主鉴赏；2.小组合作探究，通过意象归纳探究艾青诗歌的主题；3.请你推荐一首诗歌，并为其设计文创作品，附上设计说明	1.引导学生在完成自主阅读后，借助意象把握诗歌主题，初步感受诗歌魅力，形成自己的阅读体验；2.通过设计文创作品，加深对诗歌内涵的理解	1周
任务二：我把艾青读给你听	班级内开展"含泪的爱与希望"朗诵比赛，录制最美的诵读声，为推文配音	师生结合课本知识，共同制作朗读评价量表，借助朗读指导、比赛活动，使学生更直接地感受诗人对祖国和人民深沉永久的爱	1周
任务三：艾青，我想对你说	1.为纪念这位独特而伟大的诗人，请你尝试创作小诗；2.班级组织"艾青，我想对你说"诗会	将学习内容进行组合重构，在个人抒情的基础上不乏理性思辨	1周

【任务一：文创作品观艾青】

① 假如时光已逝，

鸟儿不再歌唱，

风儿也吹倦了，

那就用黑暗的厚幕把我盖上，

如同黄昏时节你用睡眠的衾被裹地，

又轻轻合上睡莲的花瓣。

路途未完，行囊已空，

衣裳破裂污损，人已精疲力竭。

你驱散了旅客的羞愧和困窘，

使他在你仁慈的夜幕下，

如花朵般焕发生机。

在你慈爱的夜幕下苏醒。

② 黄昏降落到我们的旷野，

快乐的火焰就升起了——

它在黝黑的树林下面，

闪耀着炫耀的红光……

白色的烟像夜间的雾，

弥漫了山谷的树林，

跟随着秋天晚上的风，

徐缓地流散到远方……

在白烟的树林里，

在篝火的照耀里，

映着几个农夫和农妇，

背负着收获物晚归的暗影。

（1）"鉴诗"活动，激趣导入。

师：同学们，我们前期对《艾青诗选》进行了自主阅读和批注，相信同学们对艾青诗歌已有一定的了解，现在，请同学们来鉴定一下，哪首是艾青力作，请说说你的鉴定理由。

生1：第二首是艾青的诗，因为艾青的诗大多表现对祖国对人民的热爱，第二首中"树林""篝火""农夫和农妇"这些人和事物都能看得出来。

生2：我也赞同第二首，因为艾青被称为"太阳与火把的歌手"，第二首诗中出现了的"篝火""红光""黄昏"都跟太阳、火把有关。

生3：我的理由不太一样。我们学过艾青《我爱这土地》，诗中鸟儿是很痛苦的，它悲鸣的是苦难的中国大地，第一首诗虽然也有"黄昏""夜幕"，但是给人的感觉太过安静祥和，所以我选第二首。

设计意图：九年级的学生在学完第一单元诗歌的基础上探究《艾青诗选》，能对诗歌的主题、意象、语言等表达自己的感悟和思考是很可贵的。教师通过两首诗对比阅读的方式，检测学生是否理解艾青诗歌的特征。学生通过"鉴诗"活动了解到艾青诗歌的独特烙印，能从诗歌主题、意象、抒情方式的角度做正确判断，为下面的活动奠定了良好基础。

（2）意象为引，把握主题。

诗词之美，最美在意象。袁行霈认为，"意象是融入了主观情意的客观外物，或者是借助客观物象表现出来的主观情意。"艾青诗歌浸透了土地的苦难，又充满着积极进取的力量，这得益于诗人主要意象"土地""太阳"的运用。他认为"意象是诗人从感觉向他所采取的材料的拥抱，是诗人使人唤醒感官向题材的迫近。"教师可引领学生借助品味意象，深入体会诗人情思。

学生在任务中找出独特鲜明的意象，结合诗人背景理解其丰富内涵。同时，教师引导学生通过联想和想象，描述意象特征，并描述意象构成的情境，还可适当补充意象留白，使学生深刻理解意象内涵。最后，通过小组合作探究，学生完成"土地""太阳"系列意象解读，并制作如下表格。

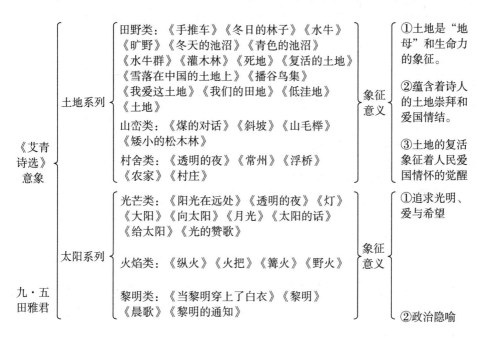

设计意图：从意象入手，旨在推动"文创作品观艾青"任务。学生根据选诗意象进行作品设计，展现诗歌色彩美、意境美。

（3）文创作品，说给你听。

图1 文创作品

文创作品评价量表：

评分维度	评分要点	分值	得分			
			一组	二组	三组	四组
设计说明	根据《艾青诗选》中的诗歌设计；主题鲜明独特；内容积极向上；能抓住意象分析诗人情感	5				
作品设计	文创作品有创意；紧扣《艾青诗选》；色彩、色调符合诗歌情感基调；元素搭配合理；版面设计新颖	5				

设计意图：学生依据《艾青诗选》的主要意象，进行文创作品设计，并对自己的作品进行说明，旨在引导学生品析诗歌的艺术手法和内在意蕴。评价量表是项目化学习的重要组织工具。在学生确定推荐诗歌、设计文创作品、进行设计说明后，给所有学生明确评价维度和细致的评分要点，这对学生创作全程有指导性意义。

【任务二：我把艾青读给你听】

（1）表演阅读，沉浸文本。

师：假如你是艾青，出身地主，却被父母送给农民寄养，后来留学法国，在父母眼中，你是"家中的客"，在政客和反动文人眼中，你是叛逆者。

后来，你感召于民族的苦难命运而成为时代的"吹号者"，怀着赤诚之心的你，面对满目疮痍的祖国发出了句句沉痛而坚定的呼唤，那噙着热泪的诗行背后是你痛苦而不屈的灵魂，那滚烫的文字诉说着你深厚博大的爱……当你身处这广袤的旷野中，在这片雪后的树林里，你会如何朗读《旷野》和《下雪的早晨》这两首诗呢？

……

学生自评、师生共评，明确朗读策略：

① 运用恰当的诗歌朗读技巧，朗读时，注意重音、停连、节奏等，把握诗歌的感情基调。

② 读出韵律，注意新诗节奏的划分。（可据新诗中的词或词组划分；据诗歌意思划分）

③ 声情并茂，读出真挚的感情。（如：《旷野》描绘了野外的凋敝景象，诗人怀着深切的忧思，发出一声怒吼，而《下雪的早晨》仿佛是一幅清新润泽的水彩画，那宁静的晨光里是单纯快乐的内心）

④ 辅以适当的仪态，两首诗的感情色彩不同，就要在眼神、表情和手势上做适当的调整。

最后，师生根据朗读策略，以学生为主、教师指导的方式共同制定朗读比赛的定量评价单。

设计意图：在朗诵比赛之前，教师须巧设活动，指导学生学会朗读诗歌。学生想象力丰富，又受到艾青爱国深情的熏陶，教师借助表演式朗读进行指导，旨在指导学生的朗诵。在朗诵比赛过程中，教师让学生在评价单上评分，可直接检测学生朗读技巧的掌握水平。

（2）实践运用，朗诵比赛。

活动主题	"含泪的爱与希望——我把艾青读给你听"朗诵比赛
活动时间	2022年11月5日下午2-4点
活动形式	个人朗诵、集体朗诵、舞台剧表演等，形式不限
参赛人员	弘毅中学2020级5班全体学生

赛前准备	1.学生策划，统计报名人数，制作节目单； 2.师生共同制定朗读比赛活动评价单，推选7位学生评委； 3.推选主持人，准备串词； 4.选出录音人员2名； 5.制订奖励方案，优胜者可为推文配音； 6.比赛顺序，赛前抽签决定
活动议程	第一项：观看艾青短视频，启动朗读比赛。 第二项：主持人开场白。 第三项：主持人介绍7名学生评委和1名教师评委、宣读评分标准及奖项设置。 第四项：主持人宣布"含泪的爱与希望——我把艾青读给你听"朗诵比赛正式开始。 第五项：参赛选手依次登台朗诵，主持人依次宣读上个选手最后得分，其他学生对照朗诵比赛活动评价单打分。 第六项：主持人结词，颁发奖品，语文老师总结

活动评价单：

评分要素	评分要点	分值	得分			
			一组	二组	三组	四组
读音、音量、熟练度	普通话标准，表达清晰，音量适当，朗诵熟练	10				
停连、重音等朗诵技巧	能正确运用停连、重音等朗诵技巧，读出情感的变化	10				
肢体眼神	站姿端正，表情自然，充满自信，肢体语言适当，与听众有充分的眼神交流	10				
音乐道具	贴合诗歌内容，合理使用音乐和道具	10				

设计意图：借助朗诵比赛，学生更直接地感受诗人对祖国、人民深沉炽热的爱。没有参赛的学生也有自己的任务，可根据量化评价单给选手评分，不断改进自己诗歌朗诵的不足之处，在完成学习任务的同时，也习得朗诵技巧。

【任务三：艾青，我想对你说】

艾青诗歌善用意象来抒发深沉忧郁的情思，不拘泥于形式束缚，运用规律的复沓、排比，形成一种变化中的统一，极具美感。读完这本厚厚的诗集，我们无时无刻不被诗人灵魂深处对祖国的挚爱所打动，他告诉我们，生于苦难的民族中，更要追寻光明与爱，这份进取精神是否让你深受触动呢？现在，班级的诗歌推荐、文创作品和音频稿件已准备就绪，请拿起你手中的笔，采撷艾青诗歌中的独特意象，或仿写，或原创，我们一起向艾青祖露心声。

设计意图：写诗是读诗活动的延续，融合了前面的两项任务，是一种梳理、赏析、整合、评价、探究、实践的有机融合。学生以诗歌创作为推文创意点，丰富推文形式和内涵。

学生作品

给艾青

9·5　姜宝桐

我喜欢你吟唱的土地，

那个橙红的朝阳，

那抹青黛的远山，

从大地上，

从暗夜中，

升腾起来的明亮呀！

照亮了昏暗的大地。

我想触碰你的灵魂，

那苦难中的不屈，

那倔强中的赤诚，

从诗句中，

从光影间，

喷薄的热情啊！

炽热的深爱啊！

我仿佛只看得到——

土地和太阳！

风中的枯叶

9·5　田雅君

风中的枯叶，

舞动得像片片纷飞的雪花——

无可奈何地飘扬；

风中的枯叶，

飘零得像远离家乡的游子——

孤独寂寞地游荡；

风中的枯叶，

迷惘得像无家可归的流浪者——

被黑夜蒙蔽了归处。

光明洒在中国的土地上

9·4　神嘉祥

雪落在中国的土地上，

寒冷与白雪结伴而行，

寒冷，将陈腐的旧物凝封入土，

雪花，为苏醒的卧龙献上斧凿，

接着，雪云散去，

一束灿烂的阳光落下，

看那东方照来的希望，

击碎尘封已久的恶寒，

光明洒在中国的土地上！

暖着九泉下的白骨，

引着新鲜沸腾的血，

向远方，向未来，

引着多灾的、受尽苦难的土地，

迎来新生的希望！

艾青

9·4　李桢阳

一羽金乌破长空，

琼楼之寒能奈何？

散火焰——

在冰寒的土地，

红色火把正燃烧！

洒光热——

从极寒的封锁，

希望辉光正闪耀，

引领我们向复兴！

凛冬降临，

漫步于瑞雪中的万物啊，

寒冷正在祝福着中国！

学生阅读《艾青诗选》，艾青走进他滚烫的内心世界，感悟那种澎湃的爱国热情和深沉忧郁的土地情结。整个项目活动过程中，学生完成了学习、实践、运用的探究任务，在核心问题的驱动下，感受诗歌的无穷魅力，切实提升语文素养，实现对核心知识的深层理解、重塑和迁移。基于项目化学习的整本书阅读教学，一改传统的传授式教学，使学习更具多元化和综合性，真正体现了学生的主体地位。

第四节　书信作品阅读

书信作品兼具实用性与审美性特征，彰显出语文学科人文性与工具性统一的特点；阅读书信作品，设立真实、生活化的教学环境，加深学生对书信文本的认识，掌握书信阅读与写作的基本技能与方法，给学生带来审美享受的同时，促使其获得人生启迪，符合学生终身发展的需要。

殷殷关怀寄深情　谆谆教诲催奋进
——《傅雷家书》书信作品阅读研究

新疆建设兵团十二师西山教育集团　邵雪丽　张伟娜　任为群　刘　英

【阅读策略】

《傅雷家书》是父亲写给儿子的家信集，父爱流淌在朴实的文字背后，深沉而温暖，傅雷深厚的文字功底和艺术修养，使家信感人至深。学生可从中学到不少做人的道理，提高自己的道德与艺术修养。

《义务教育语文课程标准（2022年版）》名著阅读总目标强调："认识中华文化的丰厚博大，吸取民族文化的智慧。"其实施建议明确规定："重视培养学生广泛的阅读兴趣，提高阅读品味，提倡少做题，多读书，好读书，读好书，读整本书。"因此，名著阅读成为中学生发展核心素养的重要途径。

《傅雷家书》作为一本书信集，既没有扣人心弦的情节，也没有惊天动地的事件。这本长达33万字的家书，如何串联起这旧时年月的记忆符号，去轻抚染满历史的苍苔和岁月的风霜呢？在教学过程中，教师制定了初读、精读、积累、拓展四个阶段任务。

第一，还原背景、资料助读法。5G时代，家信文化几乎断裂，要回到20

世纪五六十年代，把这100多封零散的家信串联起来，勾勒出读者脑海中明晰的思维导图，着实不易。阅读序言，可以了解人物关系、初步感知作品内容。还可以采用资料助读法去追根溯源，可以查阅娄世仪、杨绛、傅聪等名家的文章，还原那段历史。

第二，选择阅读、圈点勾画法。这部书是一座思想的富矿，内容涉及道德、文化、艺术、历史等多个领域。"家庭关系"与"亲子关系"是《傅雷家书》的主干，教师运用选择性阅读法，聚焦"父子情深"话题，分为三个主题：傅雷的教育方法、傅雷夫妇对儿子的爱、傅聪的回馈。

教师可引导学生用彩笔标注感兴趣的篇章，积累文中的经典句子，尝试写读书笔记；可根据勾画的家训箴言，分类整理、摘抄，在反复朗读基础上，从不同角度赏析，进行拓展阅读；可通过读书笔记等方法来表达自己阅读体会，准备读书成果展示会；还可挑战专题小论文，提炼自己的读书笔记，生成具有理论高度的文章。

第三，精读深思、选点批注法。教师在尽可能全面梳理傅雷教育观点的前提下，进一步指导学生本着基于兴趣、关注焦点、读书目的原则来确定阅读方向。家书中傅雷与儿子谈论的话题涉及很多方面，如爱国主义教育思想、民族文化、生活细节、人际交往、读书求学、感情处理等。

浏览目录，可统计出傅雷夫妇与傅聪每年通信数量的变化，1954—1955年来往的书信最多，学生可任选一个或几个方面为关注点进行重点阅读，交流、探讨傅雷的教子智慧。

阅读批注，即在每一封书信里圈画"教育方法""情感导向"的相关词句，针对具体方法导向和表露的情感类型进行批注。还可从赏析语言特色、评点人物、剖析写法、质疑问难等角度入手，深入理解。教师要提醒学生明确圈点批注的符号，养成读书的好习惯，注意妙处点评鉴赏，疑处点拨启思。学生通过批注分析、归纳、加工、整理，形成阅读纲要，揭示内容内在联系，使复杂内容明晰化、简要化、形象化，提升学生的逻辑思维能力。学生对书中内容分门别类梳理，边读边抛，学会取舍，书越读越薄，记忆负担越来越轻，思想却愈加深邃。

第四，家校共读、专题研习法。教材的"专题探究"部分，给出三个可供参考的专题——"傅雷的教子之道""父子情深""我给傅雷写信"。其中两个专题与两代人的沟通密切相关，可以小组合作、确定探究专题，还可选择《傅雷家书》展开亲子共读，既符合实用性原则，也完全具备操作的可行性。"经典阅读"这项教学资源无疑能够顺其自然地从学校拓展到家庭，并且在不同程度上促进每个家庭良好家风的形成与再塑。

家长的阅读方式为"通读，不求甚解"，每周选择一个固定时间与子女交流阅读感想，把重点放在对家庭当前教育方式的思考上。学生通过有选择地认真阅读，与家长沟通交流，感悟傅雷的拳拳爱子心，了解傅雷对儿子的教育方法和对艺术的探讨。

亲子共读《傅雷家书》，与孩子专题探讨，不仅能使学生全面把握主旨，还能使孩子和家长懂得对方的爱，以此促进互爱、尊重、理解、体谅、自省、不断学习等良好家风的生成和发展。

除了亲子共读，互通书信，还可以师生互通书信，生生互通书信，为遇到困难的学生排忧解难，借助整本书阅读实现生生协作互助，师生教学相长，师师合作共赢，亲子共同成长。

【教学设计】

父子情，教子道
——《傅雷家书》名著导读教学设计
乌鲁木齐市126中学　宋奕霏

一、课前准备：人物访谈提纲

活动中，"记者"要将《傅雷家书》中有关教子之道的要点进行梳理，并根据要点列出访谈提纲。

人物访谈提纲					
书名	《傅雷家书》				
姓名		采访地点		采访目的	
1.傅雷在做人方面的建议	例：（1）人际交往方面您对青春期的孩子有什么建议？				
	答：我们要善于反思自己的说话方式。				
	（2）在指出别人的不足时您一般会注意什么？				
	答：我会道出自己也有同样的不足，并表示要和对方一起改正。				
2.傅雷在艺术方面的建议					
3.傅雷在人生选择方面的建议					
4.傅雷在爱情婚姻方面的建议					

二、导读过程

【阅读目标】

整理《傅雷家书》序言部分主要人物内容及相关情节，形成主要人物形象特点的思维导图。

【阅读方法指导】

《傅雷家书》是一部饱含人生哲学、艺术情操，充满人文情怀的家信集。按照书信内容可划分为"谈人生与艺术""谈学习与生活"两部分。"谈人生与艺术"主要涉及艺术真谛与精神修养；"谈学习与生活"则是傅雷对儿子在学习与生活上的指导。本课我们就傅雷的"教子之道"这个主题进行选择性阅读。学生可以选择同一内容的书信，挑选相关章节进行集中阅读，对于一些与我们今天主题无关紧要的句段或篇章可跳过不读。

【阅读活动一】思维导图

读序言明主要人物背景。

（1）品读《傅聪的成长》。

梳理傅聪的成长经历，自读文章第 6-12 段 。

明确：

① 童年时期——爱听古典音乐，7岁半开始学钢琴；师从梅百器。

② 少年时期——频繁换老师，成为问题儿童；喜爱音乐的热情并未削减。

③ 青年时期——显露音乐才能，受到政府、专家的重视和栽培。

探究傅聪优秀的原因 ——

自身：热爱音乐，持之以恒。

家庭：耳濡目染，师从名家。

社会：政府重视，专家栽培。

（2）根据序言内容梳理思维导图。

整理书中的相关情节，根据情节概括主要人物的性格特征，形成思维导图（相关情节在自主阅读中补充和完善）。

《傅雷家书》中的主要人物形象特点及其相关情节

傅雷		朱梅馥	傅聪	
优	缺		优	缺
学识渊博 严谨认真 热爱祖国	对孩子要求 严格和为工 作不顾身体	善良贤惠，傅雷的贤内助 知书达理，傅聪的慈母 对孩子慈爱，父子的润滑剂	有艺术天赋 热爱音乐 勤奋好学 才华横溢	有点粗心大意、 不善于理财

【阅读活动二】明教子之道

（1）谈做人。

1955年1月26日，一则

把握一个短语：可喜的消息

理解一个词语：赤子之心

（2）谈艺术。

1954年12月27日

1954年12月31日晚，二则

思考：文章提到了哪些文学内容？你怎么看？

（3）谈人生选择。

1955年4月3日

谈论一个话题：傅雷以怎样的方式帮助儿子傅聪进行人生选择的？

（4）谈爱情婚姻。

1954年3月24日

1954年10月2日

1960年8月29日，三则

关于爱情和婚姻傅雷有哪些看法？

【阅读活动三】观点演讲

通过了解傅雷的教子之道，同学们有了很多自己的思考，请同学们准备以"家教理念"为主题的演讲活动，以小组为单位撰写演讲稿，在下周一的读书沙龙中进行展示。

（任选其一）

家教理念：

（1）严格家教，雕琢大器。

（树人如树木，若非善加栽培，必难以欣欣向荣。）

（2）因材施教，自由发展。

（3）先学做人，再做学问。

（做人要谦虚，做事要严谨，礼仪要得体。）

（4）积极进取，力求完美。

（艺术没有止境，没有完美的一天，人生也没有完美的一天！唯其如此，才需要我们夜以继日，终生追求、苦练。）

我给傅雷写回信
——《傅雷家书》专题探究课
乌鲁木齐市第三中学　姚　莹

【学情分析】

八年级学生对整本书阅读有一定程度的了解，在之前的阅读实践中，学生主要接触的是散文、小说等文学类文本，但从未系统地阅读过书信。繁杂的内容，大量"谈艺术"的片段，众多富含哲理的语句，这些都会成为学生阅读《傅雷家书》的障碍。学习"选择性阅读"的方法去阅读本书，学生既能体悟其中的父子情深，还可以学到许多做人的道理，进而提高艺术修养。

【教学设想】

成长在新时代的青少年，正处在通过学习塑造人格，树立社会主义核心价值观的关键时期。《傅雷家书》一书具有独到的人格塑造、家风建设理念。人格塑造与社会主义核心价值观息息相关，家风传承与中国传统文化密切相连。开展《傅雷家书》整本书阅读专题探究性实践活动，学生品读《傅雷家书》的同时，读出家书背后的亲情密码，反思自己与长辈间的关系，思考并且有意识地探索与父母的沟通方式、相处模式。由傅雷的家风，拓展了解古今中外的家风家训故事，学生获得正能量的熏陶，对培养乐观向上的生活心态和养成良好的学习习惯有积极的导向作用。此项探究性实践活动的主题是"照亮人格之光，传承优良家风"，分设专题一：傅雷的教子之道——传承优良家风，撰写读书报告。专题二：父子情深——解锁亲情密码，撰写读后感。专题三：我给傅雷写回信——感受人格魅力，学习书信。

一、活动目标

1. 聚焦"人格之光"进行整本书内容的整合提炼。感受傅雷的人格高度，把所思所想化成文字创作，完成读书卡片。

2. 聚焦"黑暗时光"，感受人格魅力，找出体现傅雷父子生活困境的选段，找准思考的角度，从"学习""生活""人格"三方面思考整合。结合对傅雷的认识，给傅雷先生写一封回信。

3. 品析书信体写法和表达效果，掌握书信格式，感受书信体中使用第二人称对传情达意的作用，以及傅雷在书信中传达情理的写法。

4. 学以致用，自己写一封家书，分享交流。

二、活动内容

1. 找出体现傅雷父子生活困境的选段，从"学习""生活""人格"三方面进行思考整合。以小组为单位，探讨对于那段"黑暗时光"的认识。

傅雷父子的"黑暗时光"	
学习困扰	
生活困境	
人格痛楚	

2. 结合背景材料，概括对那个时期的认识以及对傅雷的了解。从"父亲的谦卑""生活的自律""思想的高度"三个角度感受傅雷的人格高度。

傅雷的"人格之光"	
父亲的谦卑	
生活的自律	
思想的高度	

3. 品析书信体写法和表达效果，掌握书信格式，感受书信体中使用第二人称对传情达意的作用，以及傅雷在书信中传达情理的写法。

语言朴实之美，美在 _____

富有哲理之美，美在 _____

情真意切之美，美在 _____

书信文体之美，美在 _____

三、分组活动，具体指导

（一）家书写作情境指导支架

在当前疫情防控背景下，学生对国家、社会有了更多新的认识和思考；

隔离在家，家人相处时间多了，认识多了，矛盾也更多了；居家学习，有快乐，也有烦恼……总之，有许多感想与疑问（意见或建议）。请以书信的形式将自己的所思所想，告诉你最想倾诉的家人。

（二）书信写作指导支架

1. 书信格式。注意书信的基本格式、书面语体等。

2. 有针对性。人物、事件、现象、观点等明确，同时要有抒情、说理等内容。

3. 有礼貌。要有恰当的称呼，语言诚实恳切，谦虚有礼。

四、小组实践，作业要求

【作业1】给傅雷先生写一封回信：这本书涉及道德、文化、艺术、历史等多个领域，选择一个感兴趣的话题，尽可能全面地梳理傅雷的观点，并进行归纳概括。假设你可以与傅雷就这一话题进行交流，试着写一封信，表达你对他的观点的理解或你对这个话题的看法。

【作业2】以小组展示的方式开展《我所了解的傅雷》活动。

【作业3】给自己的父母写一封家书。

承家风——育爱子
——《傅雷家书》专题课教学设计

乌鲁木齐市第六十四中学　杨　静

一、导入：出示"习语图片"

师：家庭是人生的第一个课堂，父母是孩子的第一任老师。古人说的"爱子，教之以义方。爱之不以道，适所以害之也"。今天就让我们品一品《傅雷家书》中傅雷的"爱子，教之以义方"的优良家风。

二、教学过程

活动一：寻家风——初体验

　　家风，就是一个家庭或家族的传统风尚。请同学们"选择性阅读"并摘录这本家书中的优良家风。

　　学生静思分享：

　　1. 到别人家做客要脱掉围巾和大衣。

　　2. 不要把手放在衣袋里。

　　3. 人生如茶，沉时坦然，浮时淡然。

　　4. 不经历尖锐的痛苦的人，不会有深厚博大的同情心。

　　5. 真诚是第一把艺术的钥匙。

　　6. 个人的荣辱得失事小，国家的荣辱得失事大！

　　7. 永远保持赤子之心，到老你也不会落伍。

　　8. 老话说得好：开源不如节流。

　　9. 不能充分掌握时间与区别事情的缓急先后，你的一切都会打折扣。

　　10. 千万别懒洋洋地拖延！

　　活动二：品家风——引共鸣

　　1. 在阅读中，可以先确定一个主题，再整合锁定相关篇章，圈点勾画，进行批注。请同学们对以上家训归类并做批注感悟。

　　学生静思分享。

　　2. 小结：在信中傅雷给儿子关于生活细节、读书求学、人际交往、感情处理等丰厚的家训智慧，塑造优秀艺术家傅聪。

　　3. 读家信，引共鸣——请同学们再读家信，体味平凡中孕育伟大，伟大中不忘平凡的傅雷家风。试着提要以下家信中家风传承。

时间	家风内容
1954年3月24日	做人做事：要有坚定的意志和立场求学。求艺：要专心致志
1954年4月7日	学习方法：学习外文的方法有抓重点、注意应用、合理分配学习时间。做人待友：关心朋友付诸行动
1954年10月2日	如何对待人生的成败和挫折。学习名家：克利斯朵夫
1955年1月26日	爱国主义教育；遇事要坚强；保持赤子之心；有矛盾才会有进步
1955年4月1至3日	鼓励孩子多写信，勿忘国，同时梳理思路；将孩子遇到的困难和问题归类，理清并分析轻重缓急，帮孩子判断
1955年5月8至9日	爱国主义教育；不要轻信人言
1955年12月21日	厉行节约；合理安排时间；做事要有计划

小结：作家楼适夷曾这样评价《傅雷家书》："这是一部个人成长最佳修养读物，也是一部充满着父爱的苦心孤诣、呕心沥血的教子篇。"贯穿全部家书的情意，是对儿子的舐犊之情，并要求儿子知道国家的荣辱，艺术的尊严，能够用严肃的态度对待一切，做一个德艺具备、人格卓越的艺术家。

活动三：悟家风——感父爱

1. 请从不同的角度感受傅雷，用一句话评价傅雷。

一个（　　　　　）的父亲

一个（　　　　　）的朋友

一个（　　　　　）的学者

一个（　　　　　）的中国人

一个（　　　　　）的教育家

2. 小结：

封封家信，舐犊情深

为学之道：端正态度，学会自省

为生之道：沉时坦然，浮时淡然

为人之道：赤子之心，爱国之情

赤子之心传家风，嘉言懿行身示范

3. 以身示范，言传身教。

傅雷认为：世界上最好的论证莫过于付诸行动，最好的教育莫过于以身示范。

《傅雷家书》中处处都有他"以身示范"的影子。

比如：1955年4月21日家信中妈妈告诉他："父亲一口气写了四封信，可怜他腰酸背痛，连站都站不起来了。说起他的腰痛病，使人焦急，推拿也好，终毫无效验。林医生说这是职业病，简直无药可治，因此他很苦闷，可是他根本无法离开写字台工作的，怎么办呢？工作进度受了影响，他会懊恼不堪！"

请同学们试着也做一些分享。

师：正人先正己，教人先做人。博大的胸怀、高尚情操。以身示范、言传身教。

结语：家书，是一块块构建家风的青砖碧瓦，是一笔笔传递家道的精神文化。

三、作业布置

1. 再读家书，品味傅雷为生之道的内涵，启迪你的成长。

2. 延读《颜氏家训》，简要整理几条家训并做批注。

一部家书万种情

——《傅雷家书》分享课教学课例

新疆建设兵团二中第十二师校区　　刘洋杉

一、导入

傅雷是一位杰出的翻译家，还是一位特殊的教育家，一位严厉尽责，同时不乏爱心的父亲。

对如何教育孩子，傅雷有自己独特见解。在信中，傅雷常以自己的经历为例教导儿子，希望儿子做一个德艺俱备、人格卓越的艺术家。

今天，就让我们一起来交流读《傅雷家书》的收获。

二、选段朗读，理解家书父爱

班级里要举办"我是小小朗读者"活动，请从本书中选择能体现傅雷不同角色的片段进行朗读，说说你读出了什么，为什么这样读。

选段一："围巾必须和大衣一同脱在衣帽间，不穿大衣时，也要除去围巾……一举一动务须特别留意。"

从这段中，可以读出傅雷是一个严厉的父亲，连儿子脱衣服和吃饭时的礼仪他都要仔细地提出要求，我把"切忌切忌"读得很快，就是想读出傅雷迫切的心情。

选段二："亲爱的孩子，等了多久，终于等着了你的信。……希望你为了我们，努力加餐饭，我指的特别是肉类，不一定要多吃米饭。"

从这段中，可以读出傅雷的慈父形象，既盼着孩子来信又叮嘱孩子多吃肉，有点碎碎念，所以，我读得很轻很慢。

三、分享批注，交流读书感悟

傅雷对傅聪的教育都凝聚在了这部《傅雷家书》中。我们在阅读时，要善于做批注，在形成对整本书清晰的线索的同时，傅雷对儿子情深意切的情感也将逐渐明朗。

请同学们上台展示自己的读书批注，分享一下自己在读书时的所思所感。

选段一："今天是除夕了，想到你在远方用功，努力，我心里说不尽的欢喜……"

批注：在除夕来临之际，傅雷毫不掩饰自己对孩子的鼓励和爱意。傅雷深切地期盼着孩子蜕变成为充满信心、不懈努力的人。

选段二："无论男女，只有把兴趣集中在事业上、学问上、艺术上，尽量抛开渺小的自我，才有快活的可能，才觉得活得有意义。"

批注：爱是一种责任，不能随便开始，我们要努力提高自己，将最好的一面呈现给爱人，这才是真正的爱情。

四、小组讨论，感悟傅雷对儿子的感情

身在异乡的傅聪，每当思念家乡的时候，就会在灯下一遍一遍地读父亲写给他的一封封家书。通过阅读这本厚重的家信，你能感受到傅雷对儿子怎样独特的感情呢？

（1）把儿子当作一个讨论艺术、讨论音乐的对手；

（2）激发青年人的感慨；

（3）训练傅聪的文笔和思想；

（4）做个警钟，做面"忠实的镜子"。

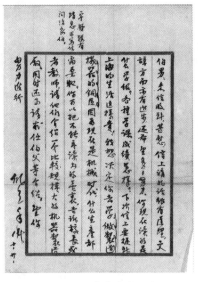

图1 傅雷家书

五、家信分享，述说一纸笔墨间的浓浓温情

选读陈佩三的家书。

六、教师总结

《傅雷家书》是一部充满着父亲苦心孤诣、呕心沥血的教子篇。傅雷要求儿子知道国家的荣辱、艺术的尊严，能够用严肃的态度对待一切，做一个"德艺俱备、人格卓越的艺术家"。这也是我们应当从中汲取养分之处。

七、作业布置

家书，不仅能让我们学习博大精深的传统文化，还会坚定我们的文化自信，让我们把这笔优秀的文化遗产传承下去。请同学们选择《傅雷家书》中的一封信，给傅雷写一封回信。

第四章 气自华

学生阅读成果

第一节　潇洒与豪迈：《苏东坡传》

任务驱动读名著，学科整合提素养
——以设计苏东坡纪念馆为例

青岛市市北实验初级中学　吴　迪　高　岩

一、探究目的

本次探究，旨在验证任务型阅读在整本书阅读的实践价值。通过任务探究实践，加深对知识的理解、运用、创造；从而提升跨学科整合能力以及落实学科核心素养。

二、探究过程

（一）从阅读中见微知著

1.读透传记。

至少读两遍书。第一遍通读，读速较快，掌握本书概述；第二遍精读，精思细琢慢慢啃，整理读书笔记。完成老师设计的阅读任务单，发现并解读"神秘"情节。

2.整合筛选。

读完两遍书后，对内容进行回顾、整理与归类。主要分为字词句段和人生阅历两个部分。

回顾与整理的形貌不仅仅是跃然纸上的黑白线条，还可以是简易的思维导图、一张CAD图纸、一幅画等等。

《苏东坡传》

身世　喜好　仕途　人际关系　文学贡献　建筑贡献　美食&态度……

3.探究思考。

结合当下审美，探究融合古今的艺术形态。比如，设想一下，苏东坡在黄冈游览赤壁时在其微信朋友圈发布《念奴娇·赤壁怀古》，会激起怎样的"水花"？

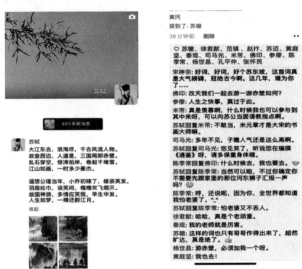

图1 朋友圈截图

如上图，以纵横发散思维，凸显人物圈层特色，提升跨面整合和文艺鉴赏能力。由此，思考纪念馆特点与突出内容，构思统筹建筑特点与展馆展厅内容、配置。

4.查找资料。

根据所需，查阅建筑资料、史地常识，分析《苏东坡》纪录片中的人物命运起伏……为设计苏东坡纪念馆做必要准备。

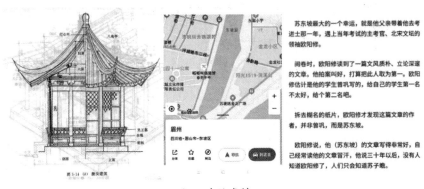

图2 建筑资料

（二）《苏东坡传》纪念馆研究与展示

1. 设计基本原则。

一个好的纪念馆设计，不仅要与史实相符，还必须与环境协调；不仅体现优秀文化的传承，也要有现代因素的融入；不仅能将《苏东坡传》内容物化为展馆设计，更要能体现综合运用知识的实践能力……

设计一个纪念馆需要秉持的原则，一是对纪念馆馆主个案研究要深入具体，有持续性；二是努力提升每个纪念馆的文化符号，推动地域文化艺术的传播发展。

2. 纪念馆展厅布局。

（1）明确学术文化定位。

目前，中国大地上已有三座苏东坡纪念馆。当前，中国的纪念馆处于飞速发展的时期（青岛已超100座），各地都在挖掘名著文人文化的资源，难免出现"抢名人"现象，其根本原因是定位不清。在这一问题上，我们立足"东坡故里"这一文化定位，打造一个具有地方特色、独一无二的苏东坡纪念馆。

（2）布局依托文史底蕴与古建元素。

我们这样设计苏东坡纪念馆：

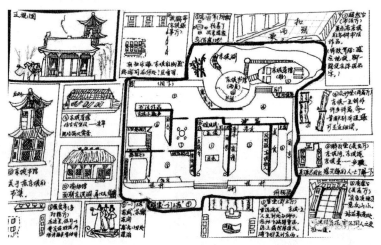

图3　苏东坡纪念馆设计图

本馆采用"一阁一阙两馆一塑，二台三堂三亭一林"设计方式，综合权衡名著与文人的适应，以及古代与现代的融合。一阁：苏东坡主展馆采用"阁"的建造方式。一阙：东坡书馆建筑形式为古代的"阙"。两馆：东坡菜馆和瑜伽馆。一塑：一门三苏。二台：凌虚台与超然台。三堂：雪堂、众妙堂和醉白堂。三亭：放鹤亭、喜雨亭和遗爱亭。一林：一片竹林。

正门前，是一尊雕像，名叫"一门三苏"。它的形态是一艘在汹涌澎湃的浪花上行驶的船，载着苏洵、苏轼和苏辙，意即三苏一生同样乘着船四处漂泊，乘风破浪。

走进苏东坡纪念馆主体部分东坡阁，建筑形式是古时的"阁"，周围都有围栏。从正门走出去，正对游客的展厅便是第一展厅，名"雪堂"，墙上高悬一幅书法——《定风波·三月七日》，这首词代表着苏东坡的一

图4　"雪堂"示意图

生，尤其是"竹杖芒鞋轻胜马，谁怕？一蓑烟雨任平生"。更是成为不少人追求的境界。往下看，一尊塑像与游客平视，便是苏东坡仔细画扇的样子。在这尊雕塑的底座上，写着"雪爪鸿泥"——"人生到处知何似，应似飞鸿踏雪泥。泥上偶然留指爪，鸿飞那复计东西。"东坡的一生就是如此。雪堂的两边还有苏东坡的生平简介。另外，入门处有苏东坡纪念馆目录，指示之用。

第二个展厅名"凌虚台"，这个展厅主要介绍了苏东坡的社会和家庭关系网。东坡站在最高处，上可陪皇上；也能弯下腰陪老农笑谈家事。比较友好的关系，比如说妻子、老友以及本家；比较紧张的关系，主要指反对派的，比如王安石等。

图5　"凌虚台"示意图

第三个展厅名"醉白堂"，也就是美食厅，里面有东坡肉、东坡羹、东坡饼之类的美物，所有美食都有实物立体展览（模型），每道菜都有对应的配料与步骤，可欣赏可学习。现场播放视频，展示高超厨艺。

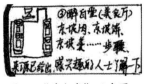

图6　"醉白堂"示意图

第四个展厅叫"众妙堂"，主要展示的是苏东坡的各种诗话，几乎每一首

诗都暗藏玄机，让人在几经斟酌过后拍案叫绝，可以说大众都觉得苏东坡写的诗很妙，所以起名叫"众妙堂"。展厅两侧挂着东坡的诗词及其注解与林语堂著《苏东坡》英文版。（英文版并不是强加的，此书原本英文版，引领大家中西结合，读一读原汁原味的书中段落）

图7 "众妙堂"示意图

"超然台"，第五个展厅——书法展厅。两侧展示苏东坡的各种书法作品，主要以天下第三行书——《寒食帖》与《赤壁赋》为主。苏东坡对待世事很超然，而他的书法风格也很超然脱俗，正如"笔落兴亡定三端之妙，墨写清白尽六艺之奥"。厅内地板是感应的，当脚踩上去后，便会出来许多书法字，拼成苏东坡的某一首诗，很有代入感与科技化。

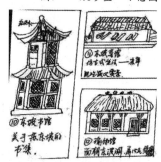

图8 "超然台"示意图

接下来，游客有两种方式可以走，第一种是接着在馆内走，进入第六个展厅"放鹤亭"，主

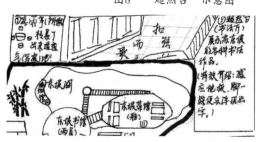

图9 东坡馆文字说明

要讲述东坡趣事。展厅里有比较传统的故事介绍挂在墙上，还会出一本集结东坡趣事的书在柜台出售。

"放鹤亭"和"超然台"之间，还夹着一个室外的部分，就是"喜雨亭"，是个小院子，游客可以到户外坐下来放松一下，也可以在这聆听雨的声音。

图10 文字说明

最后一个展厅是"遗爱亭"，多功能厅，可以吟诵平板软件上的古诗词；可以购买纪念品；可以在苏东坡影院里看苏东坡纪录片；可以学唱由苏东坡诗词改编而得的歌曲，比如《但愿人长久》。

倘若从东坡纪念馆的北门出来，穿过竹林，壮阔的东坡湖便映入眼帘，左边是东坡书馆，建筑形式是"阙"，两层楼，楼上是茶

图11 文字说明

馆，喝着手里的茶，观赏东坡湖全景。右手边是东坡菜馆，造型是水上一个停止的船，走上船，进入馆，可席地而坐，享受东坡美食；在东坡湖最西边儿，有一个东坡瑜伽馆，在这里，可伸展身体，面湖静心练瑜伽。如此，巧妙地衔接着人与古今，焕新创新。

图12 文字说明

3. 建址因素。

（1）历史因素。

纪念馆选址眉山市，因为这里是苏东坡的故乡，中国人也讲究"落叶归根"。眉山，古称眉州，位于四川盆地西南边缘，介于岷峨之间，因峨眉山而得名。唐宋散文八大家中，眉山苏洵、苏轼、苏辙独占三席。两宋年间，眉山进士886人，史称"八百进士"，所以眉山又有着深厚的文化底蕴和良好的文化传承。

（2）自然因素。

眉山位于四川盆地的西南边缘，地处亚热带季风气候区，全年平均阴天220天，有降雨天数100多天，气候暖湿，考虑到纪念馆中会收藏字画、文献和文物等不能受潮的物品，所以具体选址应考虑光照较好的向阳处。

（3）交通因素。

纪念馆会接待大量参观者，所以应选择公共交通便利之处，同时也要考虑私家车和大型旅游车停放问题，所以需配备一定规模停车场。

（4）人文环境因素。

在眉山市东坡区已建有苏堤公园、三苏祠、东坡城市湿地公园等与苏东坡有关的文化景点，考虑到集聚效应，纪念馆的选址可以邻近这些景点。

4. 设计特点。

我们设计的苏东坡纪念馆，首先具有专属性、适应性、实施性的特点。专属性即符合其自身特点，有著名文人专有的特性；适应性即适应形势需要，充分发挥出学术功能、潜力与价值，提供足够的学术空间和发展余地；实施行为结合实施应用的学术定位。

其次，我们设计的苏东坡纪念馆具有多学科内容相融合的特点。学科融合可以说是文学与美学的结合，包括语文、建筑学、传媒、地理……从一个平面到立体的，此展馆占地约2000平方米，材料采用青瓦、铝扣板、天然石材……除了古香古色的部分展厅，还有与时俱进科技引领的各种设置（前文中有详细叙述），在展馆中占了很大的比例。

如果把场馆建设和硬件条件比作骨，展陈与古物比作行为，那么通过任务型探究阅读的学术就是一个关节，既连接了古骨（书）与新骨（科），也使得建设性灵活自如，这也赖于韧带——共时性的播布和流行，经过一套完美的运动，一座绝佳的纪念馆也就此诞生。

最后，纪念馆还考虑到文化传播，悉心为东坡纪念馆制作了宣传册、小短片，通过多种传媒手段对纪念馆进行宣传，促进东坡文化能够更加广泛地交流、传播。

5. 宣传推广。

东坡纪念馆专属宣传页，大致如下。

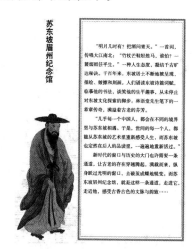

图13　苏东坡纪念馆宣传页

三、研究结论

（一）任务驱动，激发兴趣

带着任务进行的名著阅读，有着明确的目的，极大地增强了阅读积极性，大大提高了阅读的效率和质量。任务型阅读既是挑战，也是方向和动力。

（二）跨学科整合，提升素养

在这一研究性学习过程中，学生综合应用语文、地理、数学、美术、信息技术等多个学科中的知识，提高自身跨学科整合能力，落实学生发展核心素养。

第二节　信仰与坚守：《红星照耀中国》

活动引领读名著，多元融合提素养
——以设计"红星邮票献礼百年峥嵘"为例

青岛弘毅中学　雷丽丽

【探究目的】

本次课题探究，旨在验证活动情境式阅读策略在整本书阅读过程中的实践价值。借助活动探究实践，加深对作品知识的理解、运用、创造，从而提升跨学科阅读整合能力以及落实学科核心素养。

【探究过程】

《红星照耀中国》乃纪实作品之典范。70多年前，美国记者埃德加·斯诺孤身一人，怀着对中国革命与战争的重重疑问，前往当时被人刻意曲解、铜墙铁壁般封锁着的革命根据地，进行了有历史意义的实地采访。他将亲身所见、所闻、所感真实记录，最终汇编成书，出版问世。

（一）阅读活动见微与知著

1.读透纪实作品内容。

至少读两遍，包括初读、通读。第一遍初读，读速较快，跟随自己的兴趣点、问题点阅读，掌握作品概况；第二遍通读，圈点批画记心得，精思细琢感情怀。

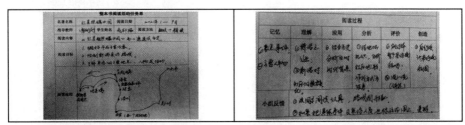

图1　读书笔记

以上是组长完成老师设计的活动阅读任务单，根据阅读单中的阅读计划通读整本书，要关注作品"精彩"情节，整理的读书笔记。

2. 抓住特别的活动以及环境。

（1）别样活动：台上挂着一块红色的绸制大幕布，上面有"人民抗日剧社"几个大字，还有拉丁化的新文字拼音，红军大力提倡拉丁化来促进群众教育。节目有三个小时，有短剧、舞蹈、歌唱、哑剧——可以说是一种杂耍表演，共同的地方主要是两个中心主题：抗日和革命。节目充满了明显的宣传，一点也不精致，道具都很简单。但是优点是从锣鼓铙钹和假嗓歌唱中解放出来，采用活的题材。（理解：红军剧社活动题材鲜活，演出生气勃勃，幽默风趣，演员和群众打成一片，别样活动既丰富了军民生活，又鼓舞了士气，激发了爱国情怀）

（2）特殊场景：列宁室的另一个特点，是室中有专为研究军事战术而设的一角，有土制模型。微型城镇、山岳、要塞、河流、湖泊和桥梁，都建在这些角落里，学员在研究一些战术问题时，玩具军队就在这些模型上来回作战。例如，在有些地方，可以看到中日淞沪战争的重演，在另外地方，又可以看到长城战役，但大多数模型当然是表现红军和国民党之间过去的战争的。此外，它们也用来说明军队驻扎地区的地理特点，表现一场假设战役的战术，或只是用来引起红军士兵对地理和政治课的兴趣，他们上这些课是军事训练的一部分。（分析：特殊的场景描写，细致逼真，再现列宁室军事战术一角特色，真实、生动。激发我们的兴趣点，提高我们的探究性）

（3）环境描写：此地呈现出一派千奇百怪、山丘环绕的景象——有的山丘像巨大的城堡，有的像成群的猛犸象，有的像圆圆的烤饼，有的山丘像被巨手撕裂，还留有愤怒的指印。这些形状令人难以置信、让人惊骇恐惧的山丘，好似一个疯魔造就的世界，有时却又是鬼斧神工，奇幻瑰丽。（赏析：这是一段优美的环境描写，描述了那个时代西北具特有浓郁的地域风土特色。交代事情发生的背景，增加事情的真实性）

3. 探究思考兴趣问题。

（1）构思邮票式样：纪念邮票版式。

（2）设计邮票风格：让事实说话；设计新，做工精。

① 发行者：借助名著主要内容，联系当时历史背景，结合建党百年特殊时刻，发行者命名为"红星邮政CHINA"。

② 尺寸大小：采取矩形设计，80 mm×60 mm。齿孔度数：13度。

③ 面值设计：2分、4分、6分、8分不等，一套面值共100分，与建党百年相符，更具纪念意义和收藏价值。

④ 邮票内容：《红星照耀中国》文字内容有关人物、场景、活动、环境等。

⑤ 绘制手法：白描，用勾线笔手绘。

（3）思考兴趣问题。

斯诺预言说："中国共产党及其领导的红色革命犹如一颗闪亮的红星，不仅照耀着中国的西北，而且必将照耀全中国。"结合历史背景，联系作品内容，讨论、交流红星精神具体的含义应该是什么？

课题组讨论实录	
组长发言： 　　把广大人民的根本利益看得高于一切，坚定革命的理想和信念，坚信正义事业必然胜利的精神；为了救国救民、不怕任何艰难险阻，不惜付出一切的牺牲精神；顾全大局、严守纪律、紧密团结的精神	组员A： 　　坚持独立自主，实事求是，一切从实际出发的精神。 组员B： 　　紧紧依靠人民群众，同人民群众生死相依、患难与共、艰苦奋斗的精神 ……

议题思辨，小组合作探究红星内涵，提升了我们的学科整合、理解概括、分析思考和文艺鉴赏能力。

4.索引查找整理资料。

根据所需，查阅邮票设计方面资料：搜集作品历史背景有关的文献资料，观看《红星照耀中国》视频特写镜头，留心相关视频资料的文字介绍，跨学科了解美学设计，借助地理图册查阅位置等资料……为设计红星系列邮票作了必要的准备。

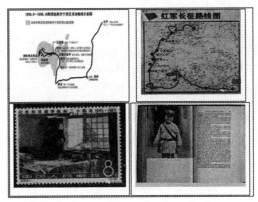

图2 邮案设计

（二）红星邮票研究与展示

1.红星邮票设计原则。

一套有意义、有价值的邮票设计，不仅要与史实相符，还必须与环境协调；不仅表现优秀文化的传承，也要有现代因素的融入；不仅能将《红星照耀中国》名著内容与文字形象化设计为邮票图片，更要能体现新时代初中生综合运用知识的实践、创新能力……

课题组组长认为，结合名著设计邮票要遵循的原则有两个：一是对纪实作品关键内容研究的深入性、具体化和持续性；二是努力提升峥嵘岁月文字的生动性，让名著活起来，推动红色文化的传播发扬与继承。

2.红星邮票设计要求。

邮票是微型的艺术品，其设计讲究真、精、细。设计人员首先根据邮票发行目的和题材要求，初步绘出的设计图样，然后组内校验，最后参考图样绘制正式邮票。

3.红星邮票设计介绍。

（1）明确学术文化定位。

目前，初中统编名著推荐作品中，《红星照耀中国》是唯一一部纪实作品。课题组调查发现，有很多知名教师都对该名著阅读做了特别好的阅读设计，确实有助于名著考试。但是作为主要阅读对象的我们还是遗憾于兴趣点不足、撼动感不强。为了解决以上问题，弥补缺憾，我们研究确定"红星邮票"这一文化符号，将内容与图画联系、历史与记忆链接。也就是集中于方寸邮票这一较久远的事物上，搭建昨日事实与今日历史之桥梁，发扬主人翁意识，继承红星精神，传递爱国情怀。

（2）设计风格兼顾文史意蕴与邮票元素。

我们这样设计红星邮票："红星邮票"共28张，忠实还原了斯诺自1936年6月至10月在我国西北革命根据地进行实地采访时的所见所闻。采撷部分人物、场景、环境进行绘制，实现镜头语言到精彩图片的转换。

兼顾邮票设计的要求及特点，细致描绘，力图手绘经典，还原历史，纪念红色岁月，致敬英雄人物。

邮票展示	设计依据	纪念意义
	6月初，日本侵华，民众大规模示威抗议，尤其是年轻人，群情激愤	发行号：HX01-001 历史背景再现，斯诺踏上了探险之旅
	斯诺在火车上遇到一位同行老者，他们的谈话，让作者又多了几分疑惑	发行号：HX01-002 带着"红色之谜"上火车的斯诺，此刻又多了些震惊
	这令人惊叹的黄土地，一派千奇百怪、山丘环绕的景象	发行号：HX01-003 再现红区地貌特征，体现纪实作品特点
	斯诺遇到的第一个红军战士，姓姚，在政治保卫局工作。那匹马是给少帅的礼物	发行号：HX02-003 天然形成的静谧水潭旁，水潭四周怪石嶙峋，遇到第一位红军战士
	有两个孩子为我们服务，他们穿着肥大的制服，头戴八角帽，帽围垮下来，遮住了眼睛	发行号：HX02-004 在百家坪吃饭时，初次见到少年先锋队员是未来的红军战士

续表

邮票展示	设计依据	纪念意义
	红军大学以防空洞为教室，以砖石为桌椅，以石灰泥土糊成黑板和墙壁	发行号：HX03-001 全世界独一无二的高等学府——红军大学
	台上挂着一大块粉红色的绸幕，上面写着"人民抗日剧社"几个汉字，还有拉丁化的汉语拼音	发行号：HX03-002 人民抗日剧社，这种"艺术宣传"发展道路无与伦比的程度
	我们在井冈山上提出来4个口号，这大致可以说明游击战术，红军就是这样发展壮大起来的	发行号：HX04-006 红军在军事方面迅速发展，关键在于红军采用的战术
	整个路线里程18088里，折合6000英里	发行号：HX05-001 二万五千里长征——这是一场异彩纷呈的远征，有许多故事值得记述
	爬上铁索，摇荡在汹涌的河上，紧抓着铁索，一步一步地往前爬。红军的机枪向敌军碉堡怒吼	发行号：HX05-002 大渡河英雄渡河特写镜头
	大渡河英雄顺利渡桥的情形	发行号：HX05-003 战功卓著，授予金星奖章
	红军在大草地连续走了10天，始终不见人烟。在这片沼泽地待，大雨几乎下个不停	发行号：HX05-004 红军不怕远征难，万水千山只等闲
	红军帮助群众组建自学小组，由共产党员或者文化人担任组长	发行号：HX06-002 他们头一回读书，也由此掌握了中国共产主义的基本战斗思想

续表

邮票展示	设计依据	纪念意义
	我离开保安，前往甘肃边境和前线，一路借宿，与红色农民交谈。这些农民都是穷苦人，善良而热情	发行号：HX07-001在甘肃附近的陕北周家庄，胡金魁和我找到了落脚处，那是一个住着五六户农家的院子
	兵工厂像红军大学一样，掩藏于山边建造的一排圆顶大窑洞内。里面很凉快，通风好，太阳光斜斜地照射在石壁上	发行号：HX07-002兵工厂制作的粗糙产品大多是用来武装游击队的
	红军指挥员在战斗中的伤亡率非常高。他们一向与战士们战斗在一起	发行号：HX08-001红军军官经常说："兄弟们，跟我上（和我冲）。"而不是"给我冲"
	我遇到一小队号兵：他们都是少年先锋队队员，而且都只是孩子。帽子下面的那位号兵脸红扑扑的，眼睛炯炯有神	发行号：HX10-001他穿着网球鞋和灰色短裤，戴着一顶褪色的灰帽子，帽子上有一颗模糊的红星
	1936年10月，我与红军相处了近4个月后，我最后一次沿着保安大街行走，越是接近城门，越是感到依依不舍	发行号：HX11-001告别红色中国——我的扑克俱乐部成员全都来为我这位"高手"送行

（3）美学元素与收藏价值。

建党100周年之际，课题组结合名著阅读活动绘制系列"红星邮票"，跨学科融合，意义非凡。

融合美学元素，设计场景、环境、人物及活动，弥补原文无照片的空白，让镜头语言形象化为直观图片，二者协调互补。白描是国画技法，考虑到邮票的尺寸，使用勾线笔代替，线条稀疏浓密构图，清晰立体，富有美感。

本套邮票是浓缩型艺术藏品，极具收藏价值。图片内容源于原汁原味的《红星照耀中国》作品，邮票设计式样，手绘原创图片。

（4）红星邮票册的宣传与推广。

绘制"红星邮票"发行海报，构图元素：红色党旗、相机胶卷、红军战士、金色军号与闪闪红星交相呼应。

"红星照耀中国"五个大字，既是整本书阅读活动推荐的作品名称，又是"红星邮票"设计的精神内涵。

该套邮票，不仅发行纸质版，还融合了现代多媒体及高科技手段，发行电子邮票及空中立体邮票展厅，加上声光电的融合，可以达到化平面图片为三维图像的效果，会深受低年级学弟、学妹的喜爱。

新时代的初中生需要借助经典了解文化、吸收知识、内化能力、关心历史事件，热爱中华大地，牢铸爱国思想，继承红星精神。

手绘红星邮票，让更多的人了解红色历史、走近红色文化、弘扬红色精神。这不仅是时代的呼唤，也是青少年一代光荣的责任与义务。

借助名著阅读活动，化经典为力量，爱我中华，从我做起……

4.红星邮票设计特点。

首先，我们设计的红星邮票，具有纪实性、适应性、实用性的特点。纪实性即符合纪实作品专有的特性；适应性即适应形势需要，充分发挥出学术功能潜力与价值，提供足够的学术空间和发展余地；实用性为结合实施应用的学术定位。

其次，我们设计的红星邮票具有多学科内容相融合的特点。学科融合可以说是文学与美学的结合，包括语文、历史学、传媒、地理、信息技术……由镜头文字到立体图像，28张邮票，各有特色，又和谐统一……讲述红色故事，弘扬红星精神。

最后，红星邮票还考虑到了文化传播，悉心为该套邮票制作了宣传海报、宣传视频等，通过多种传媒手段对作品进行宣传，促进了红星文化传播、交流。

【研究结论】

1.活动激趣，情境阅读。

活动情境的创设有益于激发学生们的阅读兴趣，活动任务单明确名著阅读的目的，这极大地助推了整本书阅读，大大提高了阅读的效率和质量。活动浸入式阅读既是挑战，也是方向。

2. 多元融合，素养提升。

该项研究性学习的研究过程，横向融合了语文、地理、数学、美术、信息技术等多个学科中的知识，提高了学生们搜集整理信息、跨学科阅读研究的能力，真正落实了学科核心素养。

第三节　意志与忠诚：《红岩》

给革命英雄江姐的颁奖词

青岛市北实验初级中学　申娟娟

一个普通的女性，却不普通地走过了自己短暂的一生。

她将自己毫无保留地献给了党，献给了革命事业。

在国民党面前，她坚贞不屈；在酷刑面前，她毫无畏惧。

虽然她只是个女性，但瘦弱的身体中却蕴含着巨人一般的能量！最终她保护了组织，在重庆解放前夕，她长眠于深深眷恋的中国土地，为自己奉献毕生的事业而牺牲。

生如夏花之绚烂，死如秋叶之静美。她的死对于自己来说没有遗憾，没有后悔，更没有在生死两难间的半分犹豫。

她的生命是有意义的，她为革命事业做出的不朽功绩将永远深深地烙印在每个中华儿女的心中，她的死，重于泰山！

信仰的力量

青岛市北实验初级中学　赵梦瑶

信仰是什么？

信仰是人类对崇高价值目标的敬仰和追求，坚定的信仰永远是战胜一切困难、经受任何考验的精神支柱。

前些日子在老师的推荐下我阅读了《红岩》，这本书使我更加深刻地体会到了信仰的力量有多么伟大。

当读完这本书后我心潮澎湃，心情难以平复。这部小说主要描写重庆解放前夕残酷的地下斗争，其中刻画了许许多多的英雄人物，像江姐、陈岗、许云峰等。

这些革命英雄们的信仰只有一个就是中国共产党，他们为了党而活着。"砍头不要紧，只要主义真。"他们说敌人只能砍下我们的头颅，决不能动摇我们的信仰！我们信仰的共产主义，乃是宇宙的真理。是的，看完《红岩》，我更明白了信仰对于一个人的重要性。这些革命先辈们让我敬仰。

罗曼·罗兰说："以死来鄙薄自己，出卖自己，否定自己的信仰，是世间最大的刑罚，最大的罪过。宁可受世间的痛苦和灾难，也千万不要走到这个地步。"信仰是让人们在不幸中不断前进的源动力，司马迁遭受宫刑，在狱中坚持写作《史记》；革命先烈抛头颅洒热血，面对拷打、死亡义无反顾，勇往直前；张海迪身残志坚，对生活的热爱让她在困难面前永不屈服。他们心中有自己的信仰，有自己认为值得用生命去为之奋斗的东西，这就是信仰的力量。

我曾经读过一个关于信仰的故事。在花店的橱窗里放着两盆含苞待放的花，其中一盆是花店人工培育出来的，而另一盆则是高科技手段制作的，看上去非常逼真。有一天，一位客人问花店的工作人员说："这两盆花这么像，你们如何能知道哪一盆花才是真的呢？"那个花店的工人微笑着说："这很简单呀。这两盆花中只有一盆是有生命的，而且也只有那盆有生命的花在将来才会开放，而那盆永远不会开放的花也一定是假的了。"

的确，信仰是来自灵魂、来自生命的力量，一个真正有信仰的人是会开出自己的生命之花。

信仰可以使懦弱的人变坚强，平凡的人变伟大，迷茫的人变执着。信仰更是一个民族的灵魂和脊梁。在这个信息高度发达的和平年代，我们要有自己的信仰，热爱我们值得敬爱的党，发挥我们自身的价值，为实现时代赋予我们的历史使命，无怨无悔，追求奋斗，为中华民族伟大复兴，努力地传承着、接力着、奉献着。

红岩精神永放光芒

青岛市北实验初级中学　刘洪敏

《红岩》是一部血与泪铸成的悲壮诗篇。它描写了众多革命英雄：成岗临危不惧，视死如归；许云峰英勇斗敌，舍己为人；江姐受尽酷刑，从不畏惧；刘思扬出身豪门却参与革命；成瑶在共产党的熏陶下，渐渐成长，懂得处理各种事；渣滓洞的难友们，相互帮助，智斗敌人。

在《红岩》里，我最钦佩江姐江雪琴。刚读《红岩》不久，江姐的钢铁形象就已经在我心中树立起来。当她知道丈夫牺牲时，并没有像普通女性一样面对残酷的现实变得不堪一击，她擦干了泪水，重新站起来，她知道她的使命还没有完成，要舍小家为大家。在渣滓洞监狱的生活中，她穿着那件蓝色的旗袍，始终以干净的面容迎接大家。当敌人拷问她时，她不卑不亢，敌人休想从她的口中得到中国共产党的丝毫信息；当敌人用竹签扎她的手指时，她坚强地说："毒刑拷打是太小的考验，竹签子是竹做的，共产党员的意志是钢铁做的。"当面对死亡的时候，她昂首挺胸，大义凛然，正所谓"人生自古谁无死，留取丹心照汗青"。

"晨星闪闪，迎接黎明。林间，群鸟争鸣，天将破晓。东方的地平线上，渐渐透出一派红光，闪烁在碧绿的嘉陵江，湛蓝的天空，万里无云，绚丽的朝霞，放射出万道光芒。"新中国成立了，这一片生机勃勃的景象是无数位战士用鲜血换来的，血染红岩，才有了今天来之不易的幸福生活。当美丽的和平鸽在蓝天自由飞翔，当鲜艳的五星红旗在天安门广场的上空冉冉升起……我们更应该珍惜现在的幸福生活，永远不忘那些伟大的战士，是他们为了祖国而抛头颅、洒热血；是他们用自己的生命筑起了一座丰碑，永远屹立在天地间！我们不能忘记血与火的历史，要将他们铭记在心。

"少年强，则国强"，尽管我们生活在和平年代，但作为新时代的少年，我们要继承并发扬他们的爱国精神，要具有顽强的意志品质，努力学习，积极进取，面对困难不退缩，让红岩精神指引着我们奔向世界的顶端，成为优秀的接班人。在东方的土地上，红岩精神永放光芒。

红岩精神永放光芒

青岛市北实验初级中学　许文喆

我怀着虔诚的心去阅读《红岩》，因为我深知，如果没有那些先辈们的英勇付出，就没有我们现在的美好生活。

也许你不认识成岗，不认识刘思扬，但你肯定听说过江姐、许云峰。他们英勇斗敌，舍己为人，坚贞不屈……在这些鲜活的人物身上，我感受到了让人激动、崇敬、悲愤、感叹的一幕幕。

《红岩》这本书讲述的是一群被捕的中国共产党党员在狱中与国民党反动派斗智斗勇、不屈不挠、坚强斗争的故事，反映了中国共产党人不怕牺牲、视死如归的精神及坚定的共产主义信念。书中那一幅幅鲜活的图片，那一首首豪壮的诗句，那一桩桩感人的故事，向我们展现了革命先烈在白色恐怖下与敌人进行英勇斗争的可歌可泣的史实，展现了他们敢于牺牲自我的乐观主义精神。他们为了新中国，为了后人的幸福生活付出了生命的代价，虽死犹荣，我们将永远铭记，并将鞭策我们奋发图强，不断进步。

《红岩》这本书给我带来了巨大的启迪，最让我感动的是"信念的力量"，一个人如果树立了坚定的正确的信念，必将会创造出辉煌的人生。联想到自己，学习中遇到一些困难就缩头缩脑，生活中碰到挫折就想放弃，很不应该！放到《红岩》书中不就成了叛徒甫志高了吗？每当我深受挫败或深陷绝望时，都会想起那些革命先辈们所受的苦与难，再想想我现处情境，简直是鸡毛蒜皮不值一提。所以，我会重新振作起来，正视一切困难，并树立迎难而上的坚定信念。

是《红岩》教会我做什么事都要坚强，不能放弃。

炮声隆隆，震撼大地。星光闪闪，迎接黎明。

感谢《红岩》为我树立榜样，引导我成长，让我变得坚强。

从舍生取义说起

青岛市北实验初级中学　安　然

生，亦我所欲也；义，亦我所欲也。二者不可得兼，舍生而取义者也。

——题记

近期，我怀着崇敬的心情读完了《红岩》这本书，我佩服那些钢铁般的人物，面对着敌人的屠刀，他们没有屈服；面对着黑洞洞的枪口，他们毫不畏惧；面对威逼利诱，他们从容不迫；面对生死抉择，他们守口如瓶。为了正义，他们宁愿放弃生命！

在小说中，最令我难忘的片段是许云峰将要被特务匪徒密裁的那段描写，"死亡，对于一个革命者，是多么无用的威胁。他神色自若地蹒跚地移动脚步，拖着锈蚀的铁镣，不再回顾鹄立两旁的特务，径自跨向石阶，向敞开的地窖铁门走去。他站在高高的石阶上，忽然回过头来，面对跟随在后的特务匪徒，朗声命令道："走！前面带路。"面对着步步逼近的鬼门关，许云峰没有表现出丝毫的害怕，反而革命信念更加坚定，即使海枯石烂、天崩地裂，也不会动摇。

孟子说："生，亦我所欲也；义，亦我所欲也。二者不可得兼，舍生而取义者也。"革命先烈们也曾有青春，有梦想，有幸福美满的家庭。虽然他们知道工作的危险和残酷性，但他们依旧勇敢地选择了为党、为祖国、为人民努力奋斗。难道他们就不爱惜自己的生命吗？不是的，"生亦我所欲，所欲有甚于生者，故不为苟得也。"当国家有危难时，他们不会苟活；当国家的危亡与自己的生命相矛盾时，他们会毫不犹豫地放弃生的希望！生和义，二者不可兼得，他们毅然选择了义！革命先烈们舍生取义，他们是为国家而死，为民族解放而亡。

纵观历史，古往今来，舍生取义者比比皆是。苏武被扣于匈奴，面对匈奴的威逼利诱，大义凛然，宁死不屈；文天祥舍生取义，留下流传千古的名句"人生自古谁无死，留取丹心照汗青"；谭嗣同在戊戌变法失败后，狱中题诗"我自横刀向天笑，去留肝胆两昆仑"，泰然赴死。他们的死重于泰山！

为万人所敬仰！

他们都是大写的人，他们为我树立了榜样，他们使我对人生价值有了崭新的理解，在和平的年代，"义"并不代表舍弃生命，而是正义的替身，是伟大的民族精神，这种精神也将激励我成为一个真正的人，一个英勇坚强的人！

爱国精神也需与时俱进

青岛市北实验初级中学　白云天

爱国精神，体现了民族自尊，民族团结，是一个民族最伟大的精神。

爱国主义是一种深厚的感情，一种对于自己生长的国土和民族所怀有的深切的依恋之情。

自古至今涌现出来的爱国英雄比比皆是。不畏强暴的晏婴、精忠报国的岳飞、浩然正气的文天祥，他们为了自己的民族英勇献身。

当中国遭受帝国主义侵略的时候，英勇无畏的共产党战士，继承了中华民族"以天下为己任"的爱国主义优良传统，将振兴中华的责任置于肩上。爱国主义精神更是越加激发而不可动摇，越发显示出它的战斗锋芒和精神力量。

随着时代的变迁，民族的发展，爱国精神也在与时俱进。我们现在生活在和平年代，爱国精神的侧重点也发生了变化。

和平时期，无论是经济建设，还是科学研究，爱国精神都深深地呈现在人们不懈努力，发奋图强的奋斗中。

新中国成立初期，百废待兴，经济落后。但是通过全国人民团结一致的坚持努力，终于有了"一五计划"的完成、"两弹一星"等成就。随着时间的推进，中国又实行改革开放，使得国力迅速增强，现已成为世界第二大经济体。一切的辉煌，源于大家对于祖国和中华民族的爱，并将爱转化为前进的动力。

从以上的事例可以清晰地表现出，爱国精神是与时俱进的，是随着社会的发展而发展的。

未来，祖国的命运将掌握在我们手中，就让爱国精神伴随我们，为我们照亮前方通往荣耀与辉煌的路吧。

"为天地立心，为生民立命，为往圣继绝学，为万世开太平。"

看着冉冉升起的五星红旗，缅怀先烈，不忘国耻，开拓创新，记住自己是一个中国人！

东方红，太阳升
——读《红岩》有感

青岛市北实验初级中学　刘晓冉

"人们垂着头，默哀着。庄严的歌声，渐渐在人丛中升起……胜利的花朵，在烈士的血泊中蓬勃开放。"

胜利了，解放了，革命先烈的鲜血染红了五星红旗。

在老师的推荐下，我读了《红岩》这本书。这是一部红色经典小说。描写了重庆解放前夕残酷的地下斗争，描写了革命者为迎接解放、挫败敌人的垂死挣扎而进行的最后决战，歌颂了革命者在酷刑考验下的坚贞节操。这部小说许多素材都是取自真人真事，如革命先烈徐建业、江竹筠、陈然、刘国志等都是牺牲在敌人的枪口之下。他们深入人心的革命英雄形象，崇高的精神境界和思想光辉让我们铭记于心。

读了这本小说后，我深深钦佩的主人公江姐，她虽然是一个女子，但她没有女子的脆弱，而是有男子一般坚强！其中的几个片段令我记忆犹新：江姐看见自己丈夫的尸首挂在大街上，这对任何人来说都是晴天霹雳，但江姐把悲愤化作力量；江姐被捕后，敌人们对江姐实施了惨无人道的酷刑，用粗长的竹签钉入江姐指甲缝间进行逼供，江姐却斩钉截铁地说："竹签是竹子做的，共产党员的意志是用钢铁做的！" "钉！"顿时，血飞四溅……

我看到这里，想象着当时的场景，真是触目惊心。这种非人的虐待可以说是痛不欲生，但是江姐作为一名女性，为了国家，为了党，为了人民，即使受到酷刑，付出生命，也绝不做出背叛国家、党和人民的事。这是对党的忠诚，这是执着的信念，这是顽强的意志。"烈士的鲜血染红了脚下的岩石，他们的斗争意志和必胜的信念，如岩石般坚硬。"敌人在他们面前一筹莫展，一败涂地。

伟大的党啊，没有你哪来今天的繁荣？在中国复兴的道路上，革命先烈们用鲜血，铺筑了一条光明大道。新中国已经成立，他们的使命已经完成，实现中华民族的腾飞是我们这一代的任务，祖国未来的花朵，将在不久的未来怒放！

东方的地平线上，渐渐透出一派红光，闪烁在碧绿的嘉陵江上。湛蓝的天空，万里无云，绚丽的朝霞，放射出万道光芒。

第四节　理想与现实：《骆驼祥子》

梦　魇

青岛市北实验初级中学　王伟瑜

那个充满活力、坚忍的背影，最终，被夜幕扼住了他生命的喉咙，沦落为那些游荡在街头痴语的梦魇。

刚来到城市的祥子，有铁扇似的胸，宽厚的背，强劲的肌肉，合身的衣服将他的简朴、勤劳能干表现得淋漓尽致。终于，他用攒下的钱买了一辆车，他哆哆嗦嗦地抚摸着车把，满眼的怜爱。锃亮的车上映出他可爱的脸庞，从那一刻，他小小的心脏里塞下那豪情壮志，眼中充盈着对未来的憧憬。

世态炎凉总是那么猝不及防，祥子的车被几个大兵拉走了，但他没有放弃希望，不久后未焐热的钱被狡猾的孙侦探敲诈去，此时的祥子一贫如洗。回到人和车厂，他遇到虎妞，虎妞假孕，逼迫祥子与其结婚，虎妞每天大手大脚地花钱，祥子被虎妞囚禁在家，身体大不如从前，那点微薄的储蓄也同祥子的病一同流逝向远方。这期间，他对小福子渐渐有了好感。但当一束光照进黑暗里，这束光便有了罪。

虎妞因难产而死，为了办葬礼，祥子把自己前段时间刚刚获得的车卖了，他呆呆地愣在那儿，眼神空洞，面无表情，耳边嘈杂的声音似与他无关，心底的那团火早已被扑灭，只剩下残余的灰烬，他的思维变得迟钝，仿佛每一步都踏在浓浓的青霭上，一切都停止了，时间长河被冻住了，只剩下咄咄逼人的寒气与一个魂魄。

祥子找到之前对他和善的曹先生，本打算与小福子一起幸福艰苦地度过一生，但小福子被卖继而上吊自杀，祥子最后的一撮火光被掐灭了。他开始出卖同伴，与那些车夫混在一起，学着与他们一起在别人的痛苦上寻找快乐，成为这个社会的工具与走兽，当年的意气风发早已荡然无存。

他每天浑浑噩噩地飘荡在社会的角落，对身边的事早已麻木，毫无仁慈之心，没有人能去救赎他的灵魂。那些曾经鲜活的灵魂被命运调戏着，被制度勒索着，被时间的洪流裹挟着，变成了流浪在自我世界的梦魇，一切星离雨散，不再复始。

夜深了，城市沉重的喘息声平静了下来，那些被人遗忘的灵魂，风赶不走，阳光，燃不掉，独自沉眠，因为被时间湮灭的烛光中，有他们的桃花源……

骆驼祥子人物小传

青岛市北实验初级中学　姜欢瑜

骆驼祥子，一个北平的人力车夫，年轻力壮，身材高大，具有做人力车夫的天赋。他稚气未脱，脸上红润常在，头顶永远剃得发亮，一副诚实可爱的面孔。他颧骨与右耳之间有一块椭圆形的伤疤，十分扎眼。

骆驼祥子是他的外号，也记录了他与骆驼的一段缘分，在他噩梦般被奴役的时光中，是骆驼唤醒了他的思想，照亮了他黑暗的世界，他带着骆驼逃离，并卖掉骆驼换回了三十五块大洋，最后逃回城里。骆驼就像太阳一样温暖了他的心，使他忘记了一切苦难，这几匹骆驼就像是一个标志，昭示着他逃离了噩梦，重新燃起对生活的希望。这个故事被别人知道后，"骆驼祥子"的外号应运而生。

骆驼也是他的人生写照。他沉默、坚韧、积极、勤劳不辍。为了生活，为了心中的洋车梦想，像沙漠中的骆驼一样咬着牙、低着头，与命运与社会抗争着、搏斗着。军阀抢走了他的车，反动政府的侦探又诈去了他仅有的积蓄，曹先生躲避特务追踪还使他丢了比较安定的工作，虎妞的"爱情"又使他身心俱疲。面对这一个又一个打击，他挣扎过，仍然执拗地想用更大的努力来实现自己梦寐以求的生活愿望，但他的愿望"像个鬼影，永远抓不牢，而空受那些辛苦与委屈"，一切都是徒劳。他所喜爱的小福子自杀，成了压垮他这匹骆驼的最后一根稻草，他丧失了对生活的信心，开始自甘堕落。原来那个正直善良、勤劳努力的祥子，被旧社会的黑暗碾得粉碎。

他有劳动人民善良纯朴，热爱劳动，对生活积极和坚韧的精神，他也有不安现状的奋斗、反抗，但黑暗的社会终将祥子这样的底层人民压垮在尘埃里，随波逐流了。

祥子自传

青岛市北实验初级中学   隋亚汝

在这个朝不保夕的军阀混战年代，原本生长在乡间的我，父母早早离世，18岁的我跑到了北平，来到那个充满希望又毁了我的城市。

忘了介绍自己，我叫祥子，刚进城时，年轻得很，圆眼，肉鼻子，头上永远剃得发亮，在脸上有一块明显的疤是驴啃的，当时我觉得我挺脱得如同一棵树。

进了城，眼前满街的人力车夫，有力气就有钱赚，天真的我认为我无疑可以成为最出色的车夫，我奋斗拉车三年，终于买上了心心念念的车，那天是我人生中最开心的时刻，于是那天成为我的生日，开启我的"新生"。

可惜好景不长，为了两块钱我拉客人去了清华，结果被官兵捉起来去拉大炮。但好在我逃了出来，还顺走了三匹骆驼。卖了骆驼，换了一身得体的衣服，连滚带爬回了北平。我无依无靠最终只得回到人和车厂，那时我拥有着一股不服输的劲儿：我要车！于是我开始拉包月，在这期间我认识了高妈、曹先生、曹太太，那是我打过最舒服的一份工。

当我以为生活要步入正轨时，她出现了，虎妞告诉我她怀孕了，我无奈惆怅，去了茶馆遇见了小马和老马，我当时好像看到了以后的我。之后我被孙侦探骗走了所有积蓄，曹先生也跑了，我和虎妞糊里糊涂成了亲，搬进大杂院，结果她是假孕！好在虎妞给我买了二强子家的车，可好景不长，虎妞难产死亡，我卖车给她办丧事，我脑袋已经空了，我撒着手上的纸钱，不知道自己在干什么，两眼早已充满了泪水。三天没睡觉的眼睛，枯黄枯黄的眼眶，我不知我为何而哭泣！

这时小福子对我表示她愿意在日后与我同甘共苦，可她却被卖了，我不死心，仍然幻想着我们以后美好的生活，我要去救她，我要让小福子干干净净的！可是打开那扇门却找不到她了，烟酒与我相伴，我像丧胆游魂一样走着，在街上碰到老马，小马早已死在他的怀中。我在心中默默流泪，原来即使我再要强也像线上的蚂蚱，有翅膀又如何？最终还不是落得如此下场。

那个勤奋的，充满理想的我彻底死了！

每一天我只想着怎么填饱肚子，怎么偷懒，这样好像就能让以前自己的付出赚回来。我只想要钱，只想吃喝玩乐！我愿意这样死在自己手中！

为了赚钱我用尽所有手段，我出卖阮明，得到了一笔不小的钱。我也不愿意再拉车，什么来钱快我干什么，我成为个人主义的末路鬼又如何？这个世界上已经没有我牵挂的人，我的好强也无法挽救这脱轨的人生！

那就让这人生跑道离正轨越来越远吧，"快活"到死，望了望手中即将燃烧殆尽的烟头，我用力吸了一口，嘴中缓缓吐出白烟，满脸享受。为曾经那个体面的，要强的，健壮的，伟大的祥子立起了墓碑。这里只有我这个社会病态的产儿。这个世界从来没有让那个祥子活下去的路，在这乱世没有无辜的人，也没有幸免的人。刚出城门的队伍，有人拿着花圈，有人抬着棺材，我举着挽联跟在后面，寻找着值得拾起来的烟头，这社会将另一个我埋起来，不知何时我自己会埋起这堕落的我。

祥子小传

青岛市北实验初级中学　冯月宁

祥子，具体姓名，如今已无法考证，因为从兵营逃出来时拉了三匹骆驼，才得了个"骆驼"的外号。他有一个标准乡下人的样子：高大，铁扇面的胸，正如一棵挺脱的树，短粗的眉，一双炯炯有神的圆眼中透露着年轻与老实，这是一副朴实可爱的面孔。

作为一个乡下人，在乱世的北平，想要好好生活，自然极为不易。但祥子抱着对生活的希望，即使经受过无数打击，仍用勤劳坚持奋斗。北平的天气变化莫测，烈日与暴雨交替而来。烈日炎炎，祥子低着头，昏昏沉沉的，脚上像灌了铅，每走一步都尽力喘出一大口气，仿佛五脏六腑都在剧烈地颤抖。暴烈的阳光无情地照射着他，衣服与皮肤已被胶水似的汗水紧密粘在一起，忽而又满天黑云，雨点伴随着雷声袭击着这可怜的人。他的眼前是过了脚面的积水，身后是顾客不管不顾地催促，这样的情景，他又经历过多少次！但为了他的梦想，他却一直用吃苦耐劳的态度奋斗着。

见过人间百态，他有自己的价值观，爱憎分明。对于他心中的圣人曹先生，他敬佩而爱戴。当他不慎摔了曹先生时，他十分自责，主动要求辞职。这时，一个20岁的青年，却低着头，声音几乎带着哭腔，像个做错事的孩子。但对于刻薄的杨太太，他却十分厌恶，甚至想"即使摔了她，她也活该"。对他好的人，他铭记着，愿意为了梦想而努力奋斗，一个多么可爱的青年！

可悲剧并不因为他的积极而避开他。在那个不公的乱世，没有哪个底层人能避免梦想的破灭。连人带车，被兵捉去，被敲诈，虎妞去世，等等，一连串悲剧不断打击着他。终于，小福子的死熄灭了他最后的希望，他彻底堕落进黑暗的深渊。不知当祥子在街边有气无力地走着时，有没有想起自己的车，想起那些生命中的人，感叹自己生不逢时，咒骂这个不公的社会，在无神的眼中再次看到曾经那个奋斗且可爱的自己！

第五节　多学科解读：《西游记》

　　《西游记》是我国四大名著之一，由明代的吴承恩所作，是明清时期最有代表性、最著名的长篇小说之一，具有强烈的浪漫主义色彩，也深受中国人民甚至是世界人民所喜爱。《西游记》不仅仅是中国文化历史上的瑰宝，并且还蕴含了多学科的知识。我们的小组成员分别从语文、历史、英语、地理、数学、物理、化学等学科角度来对《西游记》进行研究和解读。

【研究方式】

　　本研究小组在两个多月时间里，首先完成《西游记》整本书精读，每章撰写读书笔记，包括主要内容、好词佳句、精彩赏析、我的感悟以及我的疑问等板块。在完成语文学科相关学习的同时，我们深度挖掘《西游记》中蕴含的其他学科知识，小组五人进行明确分工，每人选取一个学科，提出本学科的研究问题，然后展开调查研究。小组成员们采取网上、图书馆查阅资料、向老师请教研究方法、小组成员交流讨论等方式，对《西游记》这部经典名著进行多学科的解读和研究。

【研究意义】

　　多学科解读《西游记》，这种跨学科的学习，打破了学科之间的壁垒，是一种全新的学习模式。在这次研究性学习的过程中，我们以《西游记》为出发点，同时建立其与其他学科的横向联系，在老师的启发引导下把所学知识融会贯通，通过不同学科的交叉渗透对知识形成整体性和系统性的认知，有利于开阔我们学生的视野，增进我们对知识的理解和掌握，且有利于我们系统学习方法的习得和辩证思维方式的养成，这对于我们综合学习能力的提高无疑是十分有利的。

【研究成果】

一、孙悟空的成长史（语文学科）

青岛市北实验初级中学　李雨蔚

（一）人物探究问题

相信大家在阅读《西游记》的时候，除了被书中有趣的妖魔鬼怪所吸引，一定也像我一样对鲁莽、横冲直撞却又聪明、勇敢、神通广大的孙悟空产生了浓厚的兴趣。他如何从一个小石猴变成了斗战胜佛呢？

孙悟空在踏上取经之路之前，是桀骜不驯且我行我素的。最初，他是从石缝里蹦出来的石猴，因为发现了水帘洞而称王。作为"山大王"，他在花果山里过着逍遥快活的日子，无忧无虑，自然是桀骜不驯的。之后，孙悟空为寻求长生不老之术，拜菩提祖师为师学艺。他从菩提祖师那儿学会了七十二变等法术，但由于在众弟子面前卖弄法术就被菩提祖师赶出了师门。后来，孙悟空又大闹地府，把自己和花果山所有猴子在生死簿上的名字都给划掉了。

到了弼马温时期，可以说是他"叛逆"的高潮了。在大闹地府之后，孙悟空惊动了天宫。在知道弼马温是天宫最低等的职位后，孙悟空十分恼怒，自封齐天大圣，后面在受命管理蟠桃园时又大闹蟠桃会、偷吃了太上老君的金丹。最终，孙悟空被如来佛祖压在了五行山下。这些都是悟空在取经之前的所作所为，可以看出他是十分桀骜不驯、鲁莽和我行我素的。

后来孙悟空被唐僧解救踏上了取经之路。这对于他来说有十分重要的意义。在刚刚启程时，孙悟空也是和先前差不了太多，依旧那么莽撞、桀骜不驯，不过为了保护师父，以及少受紧箍咒的折磨，孙悟空还是有一些改变的。但是我认为让孙悟空快速成长的转折点有两个：一个是"三打白骨精"，另一个是"三调芭蕉扇"。在三打白骨精时，白骨精化身为村姑、妇人，孙悟空全都识破，一棒子就打下去，妖怪变出一具尸体便跑了。唐僧却怪孙悟空肆意行凶，凶残至极。到第三次白骨精变成老人又被孙悟空"杀害"后，唐僧就把孙悟空赶回了花果山。这时孙悟空是很伤心、很不理解的，但同时他也会认识到自己有些鲁莽，应当三思而后行。当后面师父被妖怪抓走，八戒来求助时，他虽然一开始是不愿意的，但最终还是去救了师父，这时孙悟空也比以前变得成熟了，不再我行我素，而是以大局为重。在三调芭蕉扇时，孙悟空费了老大力气才借到，第一次是借到了假扇，第二次被牛魔王劫走，第三次才好不容易借到。在这次的经历中，孙悟空也变得更加有耐心，同时也变得比以前更加沉着冷静了。

就是在这样的取经生活中，孙悟空经历了许多事情，他既要保护师父，又要斩妖除魔。在漫长磨炼中，他从一开始的鲁莽、粗鲁、我行我素、桀骜不驯慢慢变得成熟、机智、勇敢，并且坚持不懈，成为大家所喜爱的那个孙悟空，最终他们师徒四人终于修成正果，孙悟空也成了斗战胜佛。

（二）《西游记》整本书阅读体会

通过对《西游记》整本书阅读以及在老师讲解、同学们讨论后，我们收获了很多知识，不仅对西游记中的人物、情节等认识更加深刻和具体，也提高了概括、赏析、表达和思维等能力。如概括本章内容，从刚开始的空洞无物、长篇大论变成了后来的言简意赅；赏析句子从原来的无从下手变成了信手拈来。在交流疑问和见解时，小组成员也都能踊跃表达自己的观点。

通过研究学习，我发现《西游记》不仅仅是一部具有趣味性的、具有浪漫主义色彩的书，它还再现了纷繁复杂的精神世界：这里有善良、正直、勇敢、无私；也有邪恶、怯懦、贪婪、嫉妒；更多的是崇尚自由与尊严的奋斗。它通过师徒四人斩妖除魔的故事曲折地反映出了世态人情、人文情怀，折射出了鲜活的人间智慧，让我们在奇幻世界中感受到浓郁的生活气息。同时作者对宗教、神权也做了一些讽刺，对封建

图1　《西游记》

社会黑暗丑恶的现象进行了揭露和批判，十分具有现实意义。

二、探寻西游之路（历史学科）

青岛市北实验初级中学　王萧莹

"西游记"是真的吗？历史上真正的"西游记"是怎么样的呢？随着不断地查阅资料，真实的历史开始展现在我的眼前，下面让我们一起看看真实的西游记给我们带来了什么样的历史贡献。

（一）唐朝玄奘取经之路与古丝绸之路大部分吻合，玄奘的游记记载了沿途国家的风土人情与各国特产

《西游记》中，唐僧走过了12个国家，如宝象国、乌鸡国、车迟国、西梁女国等等，用了14年时间。而据历史资料显示，玄奘西行经过110个国家，前后往返共历17年。而且通过对比玄奘经过的地图，与古丝绸之路大部分重合。那么玄奘西行又给大唐带来了什么呢？

关于玄奘西行的历程，《大唐西域记》的记载较为完备。从汉唐丝绸之路开拓发展的角度来看，玄奘西游对唐朝的经济有着重要的贡献。这种贡献表现为：一是他完整地记录了古印度的历史面貌、风俗物产、文化宗教等情况，是对汉代张骞所开凿的丝绸之路在地域上的新拓展；二是他以其亲历亲闻，对唐初西域诸国的情况，作了更为翔实的记述，为唐代的丝绸之路西域一段留下了极为珍贵的文献资料，并给丝绸之路的贸易留下

图2 　《大唐西域记》

了重要的文献资料；经后世对比，唐朝的丝路贸易达到了最鼎盛时期。可以说，玄奘西游为大唐的贞观之治打下了坚实的贸易基础。

（二）唐朝在玄奘取经后向西北方向的开拓超越了以前的所有年代

《大唐西域记》记载了玄奘亲身经历和传闻得知的138个国家和地区，包括今中国新疆维吾尔自治区、伊朗、巴基斯坦、印度等地的情况。这对唐朝西北方向的开拓带来了重要的军事贡献。而唐朝对西、北方向的疆土拓展与以往朝代的对比是最大的。

（三）玄奘取经又可以称为文化外交，是中国享誉世界的重要组成部分

玄奘，还是一个著名的文化外交家，他使大唐与西域建立了广泛的联系，给中外文化交流开创了积极深远的意义。玄奘西行加强了东西方的陆上联系，印度因为玄奘的出使而与唐朝建立了外交关系，这是世界上两个最多人口国家的首次会面。

玄奘的出使使得各色人种在长安齐聚，培养了唐朝海纳百川的大国精神。"海内存知己，天涯若比邻"，唐朝人凭借着这种自信，给世界各国的文化带来了深远的影响，至今，世界上的一些国家仍把中国人的聚集地叫作"唐人街"。

（四）玄奘给佛教带来了延续和发展

玄奘从西域带回印度的佛教经典，亲自把它翻译成汉文，使得佛教文化在中国得以传播，并且根据自己的所见所思与中国的传统文化结合创立了唯识宗。从那以后，佛教完整教义传入了中国，丰富了中国宗教文化。

没想到唐僧（玄奘）的西游居然给我国的经济、军事、文化、宗教都带来了这么深远的影响。同时，我也看到名著的背后必有其深刻的文化背景，我们在研究名著时一定要注意到这点，这样我们的学问才会更加扎实、厚博。

三、玄奘取经沿途地区及气候特点（地理学科）

青岛市北实验初级中学　丁晓晖

《西游记》故事的原型是唐朝高僧玄奘西行求法的故事。627年，玄奘从长安（今西安）出发，他途经秦州、兰州、凉州，经玉门关，艰难地通过了大沙漠，然后到达新疆哈密、吐鲁番。之后沿天山南麓继续西行，经新疆库车、阿克苏，翻越天山山脉出国。玄奘继续前进，经乌兹别克斯坦、阿富汗时，改变方向南行，之后进入巴基斯坦、印度取得真经，643年从印度的那烂陀寺启程回国。

玄奘西行进入的第一个地区就是世界上最大的黄土堆积区，是世界上黄

土覆盖面积最大的高原——黄土高原。黄土高原位于我国第二级阶梯，地表沟壑纵横，水土流失严重，面积约62万平方千米，海拔1000~2000米。黄土高原属于温带大陆性气候，气候较干旱。夏季雨热同期，冬季气温低，降水少，并不适合开展大规模的农业种植。

黄土高原地区蕴藏着丰富的煤炭、石油、铝土矿等资源，是中国重要的能源、化工基地，也是我中华文明的发源地之一。

玄奘离开黄土高原，继续向西北方向前行，进入著名的重要通道——河西走廊。因位于黄河以西，为两山夹峙，故名河西走廊。又因在甘肃境内，也称甘肃走廊。河西走廊东西长约1000千米，南北宽百余公里，海拔1500米左右，以平原地形为主。河西走廊的气候属大陆性干旱气候，尽管降水很少（年降水量只有200毫米左右），但发展农业的其他气候条件仍非常优越。河西走廊自古以来就是交通要道，著名的"丝绸之路"就从此经过。

图3　火焰山

在阅读过程中，当我读到"此地唤作火焰山，无春无秋，四季皆热。有八百里火焰，四周围寸草不生"。我产生一个疑问：为什么火焰山这么热？《西游记》原著是说孙悟空在大闹天宫的时候打翻了太上老君的炼丹炉，炼丹炉的几块火砖落到人间，便形成了火焰山。而实际又是什么原因呢？于是，我做了如下研究。

火焰山位于新疆吐鲁番的吐鲁番盆地。"吐鲁番"是维吾尔语"低地"的意思。它是一个典型的地堑盆地，有些地方海拔比海平面还低。它是中国最热的地方，夏季最高气温高达47.8℃，地表最高温度高达70℃以上，是中国夏季气温最高的地方。那么，吐鲁番盆地为什么这么热呢？

第一：吐鲁番盆地深居内陆，海洋湿润气流几乎无法进入。从大西洋来的暖湿气流受到天山山脉的阻挡，也无法进入吐鲁番盆地。而且吐鲁番盆地属大陆荒漠性气候，干旱炎热，日照时间长，年降水量约16毫米，蒸发量高达3000毫米。这样，就使得吐鲁番盆地干旱少雨，气温高。

第二：由于盆地气压低，吸引气流流入，这里也是全国有名的"风库"。吐鲁番盆地周围山地与盆地在短距离内高度差超过5600米，气流下沉增温产生的焚风效应，使得吐鲁番盆地干燥炎热。

所以，吐鲁番盆地增热容易散热难，是名副其实的"火焰山"。

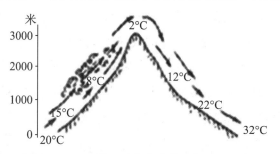

图4　焚风示意

图5　吐鲁番盆地

四、探究《西游记》中数理化知识

青岛市北实验初级中学　杨承霖

在进行《西游记》的整本书阅读过程中，我发现了几个有趣的现象，可以用数学、物理、化学等学科知识进行解读。

（一）七十二变和三十六变

西游记中，孙悟空会七十二变，二郎神会八九玄功，猪八戒会三十六变。读过《封神演义》或者《水浒传》的同学也许会有些印象，三十六是天罡数，七十二是地煞数。36为72因数，也是附属于七十二变。

八戒曾说过："我有天罡数的变化。"菩提也明确说过这一点。9是最大的阳数，8则是最大的阴数，8×9=72，七十二变则代表无穷之数。这也是孙悟空如此神通广大的原因之一吧！

（二）如意金箍棒

在西游记中，金箍棒乃是孙悟空的武器，书中原文描述说："悟空十分欢喜，拿出海藏看时，原来两头是两个金箍，中间乃一段乌铁；紧挨箍有镌成的一行字，唤做'如意金箍棒'，重一万三千五百斤。"金箍棒是由太上老君冶炼，后被大禹借走治水，治水后放在东海，称为定海神针。

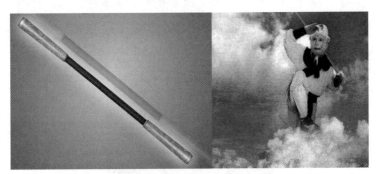

图6　如意金箍棒　　　　　　图7　孙悟空

书中记载，金箍棒重达13500斤，但因为是古典文学，理应按照古代计量单位计算。唐代的一斤约为现在的0.282斤，换算过来约为3807千克。一吨为1000千克，那么金箍棒将近四吨，约为三四辆小汽车这么重呢！凭孙悟空的实力，再以大力挥舞，那么力量大到惊人！这么说，孙悟空能够战无不胜，攻无不克与一个趁手神兵也有很大的关系呢！

图8　大闹天宫

（三）为什么孙悟空被太上老君的镯子给砸晕了？

《西游记》第六回原文道：这件兵器，乃锟钢抟炼的，被我将还丹点成，养就一身灵气，善能变化，水火不侵，又能套诸物；一名金钢琢，又名金钢套。当年过函关，化胡为佛，甚是亏他，早晚最可防身。等我丢下去打他一下。话毕，自天门上往下一掼，滴溜溜，径落花果山营盘里，可可的着猴王头上一下。猴王只顾苦战七圣，却不知天上坠下这兵器，打中了天灵，立不稳脚，跌了一跤，爬将起来就跑，被二郎爷爷的细犬赶上，照腿肚子上一口，又扯了一跌。

图9　太上老君拿出金刚琢

《西游记》中，太上老君用金刚琢砸中了孙悟空，使得孙悟空没站稳，被二郎真君、梅山六圣等人捉拿。刀枪不入的孙悟空为什么会被一个铁圈砸晕？

根据查询的资料以及物理、化学课本，我发现：自然界中硬度最大的物质是金刚石，其次是二氧化硅，太上老君的镯子叫金刚琢，其材质必然是金刚石，而孙悟空是石猴，其中主要成分是二氧化硅和碳酸钙，悟空脑袋的硬度比金刚石小，所以孙悟空被砸晕了。

第六节 读史与思索：《儒林外史》

新疆建设兵团十二师西山教育集团 余媛媛 刘亚楠 裴 晓 陈佳敏

【《儒林外史》的阅读价值】

《儒林外史》成书于乾隆十四年（1749年）或稍前，全书共五十六回，作者吴敬梓通过写实的手法刻画了形象各异的仕林群像，它既反映作者思想，也是社会现实的"镜子"。《儒林外史》全文没有一个"主线人物"，表面上章节与章节之间似乎是"失联"的，但内里却是盘根错节的，这恰恰是它的文学魅力所在。不为人物写人物，所有人物都是为了主题服务，看似无情节关联的人物都承担着作者理性表达的任务。胡适认为"《红楼梦》比不上《儒林外史》"。鲁迅也曾说："《儒林外史》作者的手段何尝在罗贯中下。"

【《儒林外史》的主题】

《儒林外史》是一部以辛辣的笔触对社会现状和儒士命运进行批判揭露的讽刺小说。小说形象地刻画了在科举制度下，知识阶层精神道德和文化教育腐朽糜烂的现状。它透过人生百态讽刺了封建官吏的昏聩无能、地主豪绅的贪吝刻薄、儒生名士的虚伪卑劣，以及整个封建礼教制度的腐朽和人性的扭曲。

【探究目标】

《义务教育语文课程标准（2022年版）》指出，"教师要明确学习任务群的定位和功能，准确理解每个学习任务群的学习内容和教学提示，注重语文与生活的结合，追求语言、知识、技能和思想情感、文化修养等多方面、多层次发展的综合效应。"因此《儒林外史》的活动设计，聚焦思维发展和素养提升，关注整体性，采用任务驱动的方式还原阅读路径，以便更好地培养学生解决问题、分析问题的能力，提升语文核心素养。

具体目标如下：

1.通过典型人物描写、情节梳理，完成士林百态图。（写什么）

2.通过人物对比分析，理解小说主题和作者情感。（为何写）

3.根据典型人物形象，体会小说的讽刺笔法。（怎么写）

【成果展示】

成果一：理情节，研手法，悟主题。

活动一：演绎故事情节（皮影）。

皮影是中国首批非物质文化遗产，发源于西汉时期的陕西，距今已有两千多年的历史，是世界上较早地由人配音的影画艺术，被公认是现代"电影始祖"。同学们将喜爱的《儒林外史》中的人物，融合美术学科制作成皮影，通过小组合作在班级中以皮影戏的形式将故事情节、人物形象精彩演绎

（图1）

（图2）

情节说明：

情节一：范进中举前穷困的生活和卑微的地位。

第一回：写范进进学回家，丈人胡屠户前来贺喜。

第二回：写范进向胡屠户借盘费应试。

情节二：范进中举后喜极而疯及其社会地位的显著变化。

第一回：范进喜极而疯。

第二回：胡屠户治疯。

第三回：张乡绅拜会，赠银送房，胡屠户受赠，千恩万谢

点评：

学生融合美术知识制作了在科举制度下为功名利禄而神魂颠倒的殉道者典型形象。皮影戏展示了范进从20岁到54岁的青春都押在了科举这座"独木桥"上。范进一旦中举，34年的折磨摧残，34年的忍辱偷生，34年的辛酸，都在"疯"中爆发出来，学生通过皮影表演将范进由屡试不第到一朝中举后的不同境况、际遇、表现——展现，深刻地揭示了封建科举制度对知识分子的毒害，同时刻画出封建社会的世态炎凉

活动二：设计《儒林外史》腰封

腰封也称"书腰纸"，是20世纪90年代从日本传入中国的，在图书出版、图书装帧中已成风尚。作为图书的附属品，好的"腰封"是图书装帧艺术设计的一部分，再加以对书籍内容的介绍，成为书籍不可或缺的一部分，也方便读者选购图书。学生根据自己对《儒林外史》情节、人物形象、作者情感的把握加上自己的理解绘制"腰封"

续表

（图3）

点评：

　　同学们设计的腰封内容充实，画面精美，设计巧妙，别出心裁。文字内容简洁明了、重点突出；配图设计，让读者对主人公以及主题等有初步感知；色彩搭配影射当时的社会背景……同学们在设计时花了不少心思，本次腰封设计可谓精彩纷呈

　　活动三：邮票设计。

　　本次《儒林外史》邮票设计作业，是在双减背景下，认真落实2022版新课标、名著阅读焦点引发式教学法作业设计的又一次探索。小小的邮票，展现出了同学们对名著个性化的理解；让同学们学会凝练所想，个性化表达所思；是跨学科作业设计的创新表现。用邮票引发对名著的阅读也让同学们颇为感兴趣，让名著教学与生活相结合。

　　要求：

　　1. 自主创作邮票，内容以表现《儒林外史》中的人物故事为主，邮票中要有人物，体现一定的故事情节和故事发生的场地或环境。

　　2. 在班级中介绍分享自己的邮票，全班同学评出最佳邮创

第一枚邮票"周学道校士拔真才　胡屠户行凶闹捷报"（范进乡试篇）

（图4）

　　邮票上的范进，看着呆头呆脑，衣着简朴，但是却不难看出范进的认真。邮票中同时绘制出了古人科考的场景，也进一步表露出吴敬梓反对八股文、科举制，憎恶士子们醉心制艺，热衷功名利禄的习尚

续表

第二枚邮票"周学道校士拔真才　胡屠户行凶闹捷报"（胡屠户治疯）	
 （图5）	邮票运用夸张的修辞手法绘制了他为科举考试喜极而疯的形象。胡屠户被众人"局不过"，喝了几碗酒，大着胆子才打了一下，待范进清醒过来，胡屠户又极力恭维奉承，其嫌贫爱富、趋炎附势的面目暴露无遗。范进中举之后社会地位的变化从胡屠户态度的变化中也充分显示了出来
第三枚邮票"乡绅发病闹船家　寡妇含冤控大伯"	
 （图6）	邮票中灵动展现了小说第六回，写他为了白坐船，死赖船钱，别有心机地导演了一出"云片糕莫名变成几百两银子料药"的戏，他竭力夸张被船家吃掉的云片糕的"高贵的出身"，为了省几个船钱，颠倒黑白，并以官欺压百姓，可见其阴险狡诈，可恶至极，这也可以说是当时封建社会的一个缩影
第四枚邮票"鲁翰林怜才择婿　蘧公孙富室招亲"	
 （图7）	邮票画面表现了人物活动的自然性，娄家两公子在船上与告假归府的鲁编修相遇。讲述小说第十回，回到家，娄公子与蘧公孙、绍兴牛布衣、鲁编修五人樽酒论文，鲁编修把女儿许婚公孙入赘的故事，刻画了一批所谓"名士"的形象。"真乃一时盛会"的结语，也在平静之中形成了绝妙的讽刺

点评：

　　中国古典文学名著是中华民族的文化瑰宝，将古典文学名著搬上邮票，不仅能传承和弘扬优秀的传统文化，也能向世界宣传和展示其独特的内涵与魅力。学生大胆运用了夸张变形的手法，使整套邮票体现出一种写意性、时代感和生活趣味，展示了《儒林外史》人物的精神风貌。从图形的勾勒到线条的处理，在稚拙中透出生气，在灵活变化中显出力度

活动四：连环画、海报设计

　　《儒林外史》连环画题材广泛，内容丰富，表现形式多样，不仅集故事性和艺术性于一体，而且学生在学习创作连环画的过程中，需要考虑如何把画面上所需的各种艺术形象合理地安排在一定的绘画空间内，既要满足内容的表达，又要符合一定的构图原则，还要选取适合的表现形式，以求更好地突出《儒林外史》的主题思想

续表

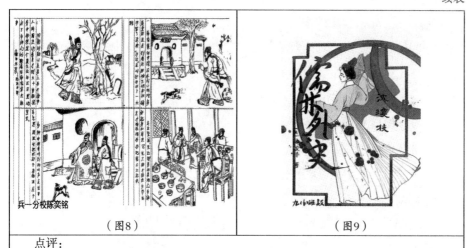

兵一分校陈奕铭 （图8）	（图9）

点评：

通过阅读《儒林外史》，学生绘制优秀的连环画作品和海报封面，不仅能够更加深入地了解经典名著、名人逸事等丰富内容，还能通过连环画、海报这一独特表现形式直观感受中国传统艺术的魅力，在获得知识的同时陶冶情操，提升审美趣味，提高文化自信和民族自豪感

成果二：抓细节，析人物，品内涵。

《儒林外史》没有贯穿全书的中心人物和主要情节，而是分别以一个或几个人物为中心，其他一些人物作陪衬，组成一个个相对独立的故事，各个故事随着有关人物的出现而展开，又随有关人物的退去而结束。虽然是长篇小说，实际上是鉴于许多短篇小说的连缀组合，鲁迅说："虽云长篇，颇同短制。"全书故事情节虽没有一个主干，可是有一个中心贯穿其间，那就是反对科举制度和封建礼教的毒害，讽刺因热衷功名富贵而造成的极端虚伪、恶劣的社会风习。

人物归类：

1. 正面人物：王冕、杜少卿、庄尚志、虞育德。

2. 腐儒典型：周进、范进、王玉辉。

3. 贪官污吏典型：汤奉、王惠。

4. 市井中人：市井高人鲍文卿。

　　　　　　市井小人胡屠户、鲍廷玺。

　　　　　　市井奇人季遐年、王太、盖宽、荆元。

5. 女子形象：鲁小姐、鲍太太、沈琼枝。

活动一：奇思妙想档案卡。

《儒林外史》的出场人物众多，有270余人，除去士林中的各色人物之外，还有社会各阶层的人物，但重点人物在15人左右，以小组为单位交流探讨自己对书中某一人物的理解和感受，完成档案卡的设计。感兴趣的同学可以完成为人物立小传的任务。

（1）选取制作工具。

A. 尺寸大小：学生可以自行规划，保证自己设计的档案卡尺寸一致即可。

B. 档案卡内容：《儒林外史》中人物的外貌、性格、年龄等。

C. 绘制手法：可使用彩笔、钢笔、中性笔等绘制。

（2）选取人物。

A. 制作档案卡时可以有的放矢，不必面面俱到，但求重点人物事无巨细。

B. 既为档案卡，制作过程中，应严格按照书中的人物描写，如实选取合适内容制作档案卡。

（3）设计要求。

A. 档案卡的设计要求学生手绘为主，有条件的学生可以采用电脑制作。鼓励学生为人物绘画一寸照，力求还原吴敬梓笔下人物形象。

B. 档案卡的设计应具有实用性的特点，力求通过档案卡的设计，对书中儒林人士有更系统的认识。同时还应具备纪实性，所有人物的档案要尊重原著，不能自己随意添改。

C. 档案卡的设计要体现多学科融合，首先是与美术学科相融合，美观、简洁、大方；其次是与历史学科相融合，要尊重历史事实，符合历史背景。

（4）宣传交流。

为宣传本次活动，我们可以通过抖音、微信公众号等平台扩大影响力。制作完成后，组内交流，并在全班乃至整个年级交流互评。

（图10）

（图11）

| 痴迷八股的鲁小姐 | 奇女子沈琼枝 |

（图12）

痴迷科举的"二进"

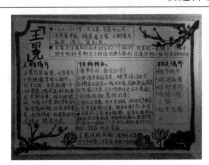

（图13）

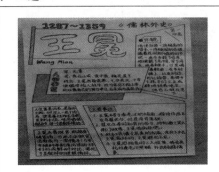

真儒士王冕

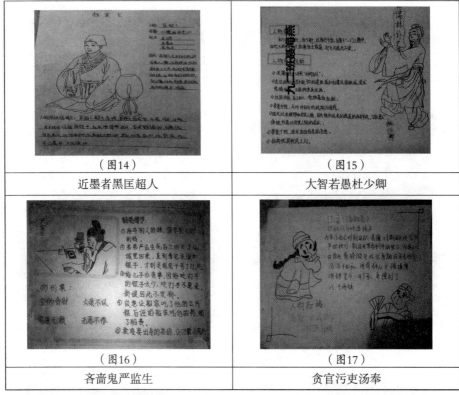

（图14）	（图15）
近墨者黑匡超人	大智若愚杜少卿
（图16）	（图17）
吝啬鬼严监生	贪官污吏汤奉

活动二：刷刷"朋友圈"

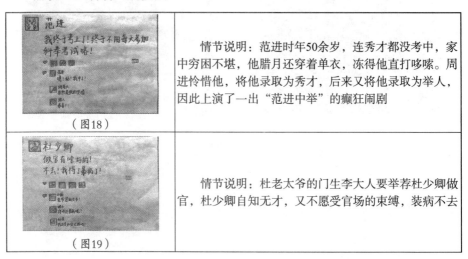

（图18）	情节说明：范进时年50余岁，连秀才都没考中，家中穷困不堪，他腊月还穿着单衣，冻得他直打哆嗦。周进怜惜他，将他录取为秀才，后来又将他录取为举人，因此上演了一出"范进中举"的癫狂闹剧
（图19）	情节说明：杜老太爷的门生李大人要举荐杜少卿做官，杜少卿自知无才，又不愿受官场的束缚，装病不去

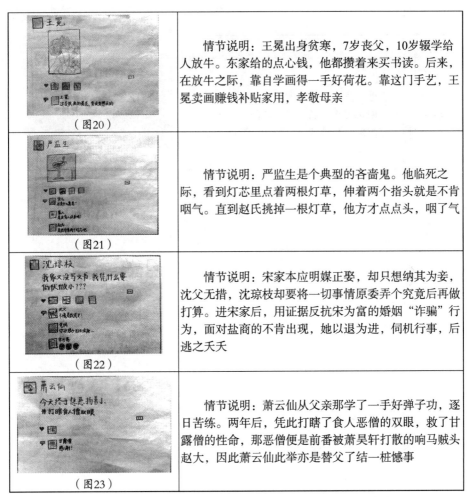

	情节说明：王冕出身贫寒，7岁丧父，10岁辍学给人放牛。东家给的点心钱，他都攒着来买书读。后来，在放牛之际，靠自学画得一手好荷花。靠这门手艺，王冕卖画赚钱补贴家用，孝敬母亲
（图20）	
	情节说明：严监生是个典型的吝啬鬼。他临死之际，看到灯芯里点着两根灯草，伸出两个指头就是不肯咽气。直到赵氏挑掉一根灯草，他方才点点头，咽了气
（图21）	
	情节说明：宋家本应明媒正娶，却只想纳其为妾，沈父无措，沈琼枝却要将一切事情原委弄个究竟后再做打算。进宋家后，用证据反抗宋为富的婚姻"诈骗"行为，面对盐商的不肯出现，她以退为进，伺机行事，后逃之夭夭
（图22）	
	情节说明：萧云仙从父亲那学了一手好弹子功，逐日苦练。两年后，凭此打瞎了食人恶僧的双眼，救了甘露僧的性命，那恶僧便是前番被萧昊轩打散的响马贼头赵大，因此萧云仙此举亦是替父了结一桩憾事
（图23）	

活动三：选择书中你印象最深的一位人物，续写他/她的故事。

人物	性格特征	续写
周进	比较孝顺，秉性忠厚，但又趋炎附势，懦弱迂腐，并且愚昧	（图24）
沈琼枝	精明干练，有勇有谋。泼辣、直爽的大侠风范。乐观，从容镇定。伶牙俐齿，泼辣怒骂。淑女般的知书达理，处身自重	（图25）

续表

人物	性格特征	续写
匡超人	心地善良，事亲孝顺，是个淳朴可爱之人，但也追求功名，自命清高，投机取巧，后来变得寡情薄义、虚伪、撒谎	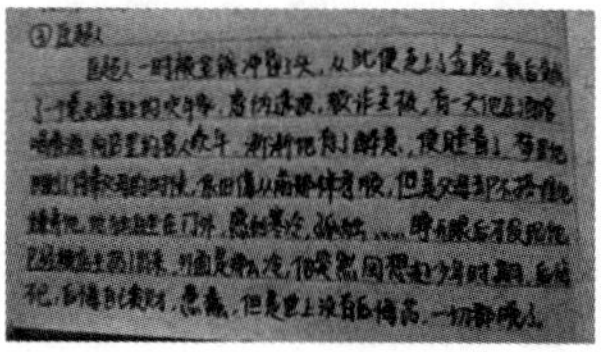 （图26）

第七节 尊严与追求：《简·爱》

《简·爱》课本剧

青岛胶州市十五中 王文慧 张家宁 李 华 李雅睿

第一幕

人物：简·爱、里德太太

地点：盖茨黑德府

里德太太（停止喝茶，瞪着眼睛，语气强硬）：出去，回儿童室去。

简·爱（起立，走到里德太太面前，语气坚定）：我不骗人，要是我会骗，就会说我爱你了。但我要说，我不爱你，除了约翰·里德，你是我世上最恨的人，这本有关撒谎者的书，你还是送给你女儿乔治·安娜吧，因为爱撒谎的是她，不是我。

里德太太（冷冷地盯着简·爱，恶狠狠的语气）：你还有什么要说的？

简·爱（浑身哆嗦）：我很高兴你不是我的亲人，这辈子我再也不会叫你舅妈了。长大了我也不会来看你，要是有人问起我喜欢不喜欢你，你怎样待我，我会说，一想起你就觉得恶心，我会说，你对我冷酷至极。

里德太太（一脸惊讶）：你怎么敢说这样的话，简·爱？

简·爱（大声说）：我怎么敢，里德太太？我怎么敢？因为这是事实，你以为我没有感情，以为我没有爱、没有关心也能活，可是我没法这么活。你没有一点怜悯心，我死也会记住你是怎么粗鲁地推我，硬生生把我推进红房子，锁在里面，不管我多么痛苦，你都不管我，只是因为你那坏儿子打了我，把我打倒在地。我要把这件事情，原原本本告诉每个问我的人。人们都以为你是好女人，你才坏呢，心肠毒得很，你才是骗子。

里德太太（表情慌张）：简，你全错了，你怎么啦？干嘛抖得这样厉害？

要喝点水吗？

简·爱（坚决）：不要，里德太太。

里德太太（表情缓和）：那你想要点儿什么吗？简，相信我，我只想和你做朋友。

简·爱（语气坚定）：你才不呢，你跟校长先生说我脾气坏爱骗人，我要让学校的人都知道，你是什么人，你干了什么？

里德太太（柔声说）：简，这些事你还不懂，小孩子有缺点就得改正。

简·爱（生气大嚷）：我可没有骗人的缺点！

里德太太（亲切）：可是你性子暴躁，这你总得承认，回儿童房去吧，乖孩子，躺一会儿。

简·爱（语气强硬）：我不是你的乖孩子，我也躺不住。里德太太，我讨厌住在这儿。

里德太太（小声嘟囔）：我是得早点送她进学校了。

（里德太太退场）

简·爱（独白）：只剩我一个人了——一个战场上的得胜者，这是一场我经历过的最艰苦的战斗，也是我第一次获得胜利。（微笑过后，表情迷惘）

第二幕

人物：简·爱、学监

地点：洛伍德学校

学监（表情疑惑）：亲爱的简，找我有事吗？

简·爱（目光坚定）：学监你好，我想离开这。

学监（表情惊讶）：你在这里有良好的教育机会，获得老师们的欢心，又被授予了教师的职务，多好啊，为什么要离开呢？

简·爱（摇摇头）：我的确很喜欢这儿，但是谭波儿小姐的离开，把我的那份宁静也带走了，我不能一直局限在学校里，世界那么广阔，充满着激动和兴奋。我厌倦学校的生活了，我想要自由，渴望自由，所以我找了一份新工作。

学监（意外）：找工作可不容易，你没有亲友，老师帮你找的吗？

简·爱（很自豪）：我是靠自己找到的，我在先驱报上刊登了一则广告，谋求家庭教师的职务，不久前就收到了回信，新工作薪酬比我现在的要高一倍。

学监（担心）：雇主是什么人？安全吗？

简·爱（点点头，拿出信封）：我仔细看了这封回信，应该是个得体受尊重的老妇人，她在米尔科特，我查了地图，那里比我们学校离伦敦要近70英里，而且是个工业大城市，相信会很热闹。

学监（高兴）：那真是太好了，有什么需要我帮忙的？

简·爱（微笑）：我想请学校委员会做我的证明人。

学监（很热心）：没问题，我一定尽快帮你促成。

简·爱（伸出手）：谢谢。

学监（拥抱简·爱）：祝你一切顺利！

第三幕

人物：简·爱、罗切斯特

地点：桑菲尔德庄园

简·爱（坚定）：罗切斯特先生，我必须离开。

罗切斯特（惊慌）：多长时间？离开几分钟，你是去梳理一下有点乱的头发，去洗洗有点发烧的脸是吗？

简·爱（看着罗切斯特）：我要离开这儿，我必须离开你，我要在陌生人和陌生的环境里开始新的生活。

罗切斯特（声音颤抖，盯着简·爱）：当然了，我告诉过你，你应该离开这儿。但离开我，这是疯话，我不会听的，你必须是我的一部分，我将永远和你厮守在一起，白头到老。

简·爱（摇头）：先生，你的妻子还活着。要是我和你一起生活，那我就成你的情妇了。

罗切斯特（愤怒地抓住简·爱）：简，我不是好脾气的人——我没有耐性。你可怜可怜我，也可怜可怜你自己，你伸手来切切我的脉搏，它跳得多厉害，你可要小心啊！

简·爱（喊叫）：上帝，帮帮我吧！

罗切斯特（表情痛苦）：简，我被骗入了婚姻，我从没爱过她。梅森家族将她强加于我，而当我父亲卷入后，我对此已无能为力。她很有钱，他们为我做了一切决定。直到我们结婚后，她的疯狂才显露出来。她变得暴力，不停咒骂我。为了逃避，我甚至想过自杀，但最终我把她带到这里。简，我从来没有真正结婚，没有在上帝面前缔结真正意义上的婚姻。

简·爱（冷静）：是吗，先生？

罗切斯特（深情看着简·爱）：你知道吗？我的青年和中年充斥着痛苦和寂寞，是你帮助我燃起了热烈、庄严的激情。我真挚而深沉地爱你，忠贞不渝，简，你也是一样对吗？

（简·爱一阵沉默）

罗切斯特（急切）：你明白我向你要求的是什么吗？我只要你一句承诺：罗切斯特，我愿意成为你的。

简·爱（摇摇头）：罗切斯特，我不愿意成为你的。

（一阵长长的静默）

罗切斯特（温柔）：简，你是说你要在这世界上走一条路，而让我走另一条路吗？

旁白：答应他吧！告诉他，你爱他，愿意成为他的。这世界上有谁在乎你？你做的又会伤害到谁？

简·爱（独白）：我在乎我自己。越是孤单，越是无亲无友，越是无依无靠，我就越要尊重自己原定的想法，已下的决心是我此刻唯一必须坚持的东西，我要牢牢守住这一立场。

罗切斯特（悲哀）：你要走了，简？

简·爱：我要走了，先生。

罗切斯特（低声啜泣）：哦，简！我的希望——我的爱——我的生命啊！

（罗切斯特下场）

简·爱（独白）：观众，但愿你们永远不会体会到我当时的心情，但愿你的眼睛不会像我当时那样泪如雨下，淌出那么多撕心裂肺的热泪，但愿你永远不用像我当时那样对上帝做出那么绝望，痛苦地祷告，因为你永远不会像我这样，担心成为你全心爱着的人堕落遭祸的根源。

第四幕

人物：简·爱、圣约翰

地点：莫尔顿、沼泽山庄

圣约翰（犹豫）：你画的是奥利弗小姐吧。

简·爱（肯定）：她想要幅画像。她喜欢你，圣约翰，你应当娶她。

圣约翰（呼吸一会急促，一会平缓，放下画）：这段时间是给痴迷和幻想的。我的确被奥利弗小姐着迷，但是我很清楚她不可能是传教士的妻子。她吃不了苦。罗莎蒙德很快就会忘记我。

简·爱（疑惑）：那你呢？

圣约翰（坚定）：我唯一的职责是侍奉主。（迟疑）我还有个事情要告诉你，有人在村里寻找简·爱小姐。那人拿着一张他要找的年轻女子的画像，一幅素描。虽然没有完成，但足够清晰，和真人很像，他在找你。

简·爱（迟疑）：我姓爱略特。

圣约翰（看着简·爱）：除了这个，这幅画的签名是简·爱。我肯定你并非有意欺瞒，如果昨天没看到报纸，我或许以为，是那个找你的人威胁到了你。在全郡寻找简·爱，她曾是桑菲尔德庄园的家庭教师。马德拉群岛的约翰·爱先生去世了，简·爱是他唯一活着的亲属，将继承他的财产。

简·爱（惊讶）：约翰·爱？

圣约翰（点头）：你的叔叔，他把所有财产都留给了你，两万镑。

简·爱（严肃）：两万英镑？

圣约翰（大笑）：呦！大吃一惊吧？也许你没注意到，我们同名，我母亲是你父亲的姐姐。

简·爱（大声嚷道）：你、黛安娜和玛丽是我的表哥表姐了？哦！我真高兴！

圣约翰（微笑）：我告诉你说你得到一笔财产时，你一脸严肃，现在为了一件无关紧要的事，你都激动起来了。

简·爱（兴奋）：这对我来说可不是无关紧要，我有了亲人，我真是太高兴了！你马上给戴安娜写信，两万镑我们平分。

圣约翰（怀疑）：简，你别冲动。

简·爱（坚定）：我不会改变主意的，我绝对不会自私自利、不讲情面、忘恩负义。这件事儿就这么定了。

圣约翰（停顿一会张口说）：简，我六个星期后去印度，完成我的使命。简，跟我一起去吧，作为我的伴侣和同事，去吧！

简（慌乱）：哦，圣约翰！我不适合，我没有这种才能。

圣约翰（双臂抱在胸前，不动声色）：简，你温顺、勤奋、无私、坚定、勇敢、文雅，相信自己，你一定会是一位好助手。

简·爱（独白）：圣约翰要我做他的妻子，可他那颗做丈夫的心，并没有比峡谷中的巨石强多少，他爱我，就像士兵爱一件好武器，仅此而已。不嫁给他，不会使我感到伤心，这样的结婚我能受得了吗？我绝不愿意接受。作为他的妹妹，我可以陪他去，但不是作为他的妻子。

圣约翰（盯着简·爱）：嫁给我，服务上帝。你不用马上回答。

简·爱（摇头）：可你不爱我，我也不爱你。我可以和你去印度，但不能嫁给你。我只对我的心负责。没有人能告诉我什么能拯救我。我要主宰命运，自己决定是否在上帝或其他什么人面前拯救自己。

（简·爱一阵颤抖）

圣约翰（担心）：简？

简·爱（急促喘气）：这是什么？是他。他在哪？

圣约翰（呼喊）：简！是谁？

简·爱（望向远方）：是罗切斯特，他在呼唤我，他需要我。我要去找他。

写在演出后——

这也是课堂

青岛胶州市瑞华实验初级中学　王雨嘉

"这次课本剧表演，你要不要试试女一号？"同桌盯着我，眼神充满殷切。看着手中的剧本，心中一阵欢喜，可高兴劲儿还没过，我不由得犯起愁来，在众目睽睽之下上台表演，要说不紧张肯定不可能，想想那璀璨的舞台和热烈的掌声，我点点头。

回到家，我拿着剧本，先认真地读了一遍，神情专注，拿着笔把停顿与重读给标了出来，却又害怕标错了或自己语感不对，我擦擦描描，最后看着乱七八糟的剧本，心里无名之火兴起，我烦躁地咬着嘴唇，来回踱步。时间一点点流逝，我读了一遍又一遍，不禁口干舌燥，力气也仿佛都被抽空了。我瘫倒在沙发上，又想到剧本要背下来，更加泄气了，抓着头发，一脸颓废。

演戏是我一直梦寐以求但又不敢尝试的愿望，每当看到演员们在荧幕前从容不迫，羡慕之情油然而生，但又害怕自己不行，生怕梦想破灭。我深吸了一口气，正视着剧本，心里暗暗给自己鼓劲。"振作起来呀，加油！"我一骨碌坐了起来，揉了揉脸，努力集中注意力，一边大声读着，一边模拟动作。我暗暗地下定决心，一定要做好这件事。

在之后的一周里，每当夕阳残红，月光缥缈时，一楼大厅镜子里映照着我和同桌专注的模样，这何尝不是一场成长的课堂，我相信自己，不断调整，更好向前，一次次历练让我变得更从容。

演出登台的日子到了，听到主持人念我们组时，我紧张得双腿发抖，浑身战栗。这时候有一个声音告诉我：再黑的夜走到尽头，也会迎来曙光，既然做了，就努力做到最好。我深吸一口气，平静心情，在大脑里一遍又一遍地回忆，不能让之前的努力功亏一篑！

我步履坚定地走向舞台，成为全场瞩目的焦点。我不知怎么就开始了，一切好像是那么顺其自然，看着老师期许的目光，还有同学们雷动的掌声，我松了一口气，开心地笑了。

因为攀上巅峰，得以见得碧山雾飘、云雾升腾；因为临在江口，得以见得千涛万涌、波澜壮阔。在成长的一课中，我把握当下，用努力造就青春最亮丽的底色。

第八节　家教与成长：《傅雷家书》

见字如晤，展信解读

——《傅雷家书》阅读成果展示

任为群　张伟娜　刘　英　刘星雨　姚　莹

【写在前面的话】

书信是承载人与人之间情感的重要方式，虽纸短却情长。《傅雷家书》就是一本传递着父子之间浓浓深情的著作。在语文教师整本书阅读计划的引领下，我们依托整本书阅读，让学生在项目式学习中体会父母之爱，重拾书信情怀。

经课题组研究后，一致认为在项目式学习目标引领下，设计项目规划、实施项目任务，在任务交流的过程中推进学生的阅读思考，促使学生个性表达，感受家书中的文化韵味，汲取书中的深厚学养。

现将此研究过程、成果与经验予以分享。

【探究目的】

旨在以《傅雷家书》名著阅读为契机，研讨基于学情的名著阅读项目化学习设计与实施，整合名著内容与教材资源，创设真实或拟真的任务情境，依托共情活动，调动学生已有的认知经验，在完成任务的过程中培养学生自主阅读和解决实际问题的能力，指导学生掌握阅读"书信类文本"作品的方法，借助活动探究实践，加深对作品知识的理解、运用、创造，从而提升跨学科整合能力，落实学科目标，培养学生核心素养。

【探究背景】

新的课程标准指向学生综合素质的提升。随着语文教学中阅读作用的日益凸显，项目化教学作为一种新的教学模式逐渐被大众所接受。项目式学习强调的是通过设计和执行项目来学习的过程。为了更好地指导学生对整本书的阅读，我们对八下名著《傅雷家书》的阅读进行项目化设计。名著项目化学习设计一般遵循"分析—设计—开发—实施—评价"的程序，即确定内容领域和项目主题，分析课程标准、统编教材、名著内容，梳理、整合教材和生活等资源，寻找核心知识，思考所对应的核心素养，聚焦人的发展；确立项目化学习目标，再根据项目化学习目标设置驱动性任务、创设任务情境、展示项目成果；以终为始，逆向设计，根据学习目标、内容、任务、成果选择评价方式，分解项目化学习目标及任务，形成任务群，安排课时计划，形成完整的名著项目化学习评价方案。

【项目过程】

一、入项准备

项目启动前，设计一堂读前激趣课，让学生了解本书及作者，并播放相关视频，如《念念不忘·家书走过时代沧桑》《傅聪大师最后的采访》，引导学生思考：

1.说一说傅雷、傅聪初印象，尝试各用3个词概括。

2.猜想《傅雷家书》中会写到哪些内容。

通过两个问题，唤醒学生阅读期待，激发阅读兴趣。

自由选择《傅雷家书》选篇，完成前期调查任务单，交流成果。

《傅雷家书》阅读任务单
你读过的《傅雷家书》中，最能打动你的是第_____封。 家书的题目是_____
这封家书打动你的原因是_____
你对整本书的理解体会是_____
在你看来，家书的价值在于_____
对整本书的内容、情感以及在传递思想感情方面运用的写作手法等，你还有疑问和思考吗？

通过对阅读成果的交流，教师掌握同学整体阅读情况。

二、分析并依据课标、名著、教材与学情设计项目方案

（一）课标分析

语文课程标准对阅读的要求：欣赏文学作品，有自己的情感经历，初步理解作品的内涵，并获得对自然，社会和生活的有益启示。学生是学习的主体，语文课程必须根据学生身心发展和语言学习的特点，珍视学生的好奇心和求知欲，鼓励他们独立阅读和自由表达，充分激发他们的探究意识和进取精神，注意个体差异和不同的学习需求，积极倡导一种独立、合作、探索性的学习方法。探索个性化的阅读方法，分享阅读感受，做好项目化学习的设计和实施，建构阅读整本书的经验。感受经典名著的艺术魅力，丰富自己的精神世界。

（二）名著分析

《傅雷家书》是傅雷先生从 1954 年到 1966 年的 186 封家庭书信。最长的信件是 7000 多字。按照书信内容大致可以划分为"谈人生与艺术""谈学习与生活"两个部分。"谈人生与艺术"，主要涉及艺术的真谛与精神的修养；"谈学习与生活"则是傅雷对儿子在学习与生活上的指导。前者展示了傅雷深厚的文学艺术底蕴和深刻的哲学思考，后者展现了傅雷的拳拳父爱。字里行间，充满了父亲对儿子的爱和对儿子的期望。八年级学生阅读《傅雷家书》，除了可以体悟其中的父子情深，还可以学到不少做人的道理，同时提高艺术修养。

（三）教材分析

根据书信体散文的特点与学生一般性的阅读问题。教材编者将选择性阅读概括成了四种情形：兴趣选择、问题选择、目的选择和方法选择。学生可以"兴趣"为出发点去选择阅读内容，全班共同阅读《傅雷家书》，然后根据各自的兴趣选择自己喜欢的专题，分小组进行探究。此外，教材还提供了可供选择的阅读任务——"傅雷的教子之道""父子情深"等来驱动学生的个体阅读和群体共读活动。

（四）学情分析

经典阅读关键在"读"，进行《傅雷家书》项目化学习设计之前，按整本书阅读计划，发放"整本书阅读项目进度表"。安排学生用四周时间阅读《傅

雷家书》。学生要读出体验，读出认识，读出质疑。同时设计每个阅读阶段任务，引导学生踏踏实实地读，准备交流分享。

整本书阅读项目进度表：

月份	周次	时间	月度任务
8	第一周	8.21~8.27	1. 初读全书，围绕父爱圈点批注。 2. 节选书中精彩片段，进行朗读
	第二周	8.28~9.3	阅读父母来信或倾听父母视频寄言，给父母回信；出一份手抄报
9	第三周	9.4~9.11	运用选择性阅读的方法，读出傅雷的教子之道，根据感悟，积累读书笔记，制作腰封
	第四周	9.11~9.17	1. 回读全书，汲取傅雷家书中的广博知识，选取一个角度，撰写读后感或家书推荐词。 2. 评价《傅雷家书》，在班级中分享

三、依据学情开发资源，实施和评价项目化学习

项目任务一：体悟父子情深，做旁批摘评，学生学习词语品析，摘抄与评议。

阶段成果：体悟家书的独特艺术魅力。

1. "摘评"构架。

资源开发：

（1）列出摘评信件的日期；

（2）概括信中的具体内容；

（3）摘录信中让你感动或受启发的语句；

（4）联系生活实际，写出感悟。

（图1）

2. 写一篇读书心得。采用联结生活经验法、背景还原法等阅读方法，联结整本书相关书信，书写读书心得，表达阅读感受，体悟家书中的父子情深。

"读书心得"构架：

（1）选择自己感触最深的一点来写；

（2）适当引述，引用原文时保证引文与原文一致；

（3）重点通过议论写出自己的感受；

（4）联系个人生活经验谈感受，但不能脱离原著任意发挥；

（5）可以写得自由灵动，尽可能富有新意。

调查学习情况，收集学习成果并评改交流，教师点评并引导学生评价，小组互评，总结出学生作品存在的主要问题并给出修改建议。

我们精选出部分优秀作品，通过范文让学生体会阅读，明确修改方向。通过交流，我们发现学生优秀的读后感写作主要表现为两类：总结感悟类，观点鲜明，分点论述，能够联结生活经验；表达灵动类，重点突出，内容丰富，感悟独特。

项目任务二：探究教子之道，以小组为单位，选择活动专题并说明理由，每组选出代表汇报选题与理由后，各组明确成员分工，具体步骤为：选择一类家书，搜集整理相关资料，编写手抄报；梳理归纳傅雷观点，拟思维导图，分享交流；同时推荐同学自选美段，以"我是朗读者"活动方式，通过朗读，感受家书文化情感，熏陶自己的心灵。

阶段成果：编写手抄报，拟写思维导图，品评优秀朗读。

1.编写手抄报。

资源开发：

（1）明确主题，定好题目；

（2）内容选择要简洁，能突出中心；

（3）图文并茂，立体感受家书内涵。

（图2）

（图3）

2. 拟写思维导图。

资源开发：

（1）选定专题：确定思维导图的主题词（一级分支中心词），例如傅雷的教子之道之"谈人生与艺术"等。

（2）搜集摘评：借助全体学生填写的家书关键词，筛选出相关信件，找出与主题相关的内容，做好以下内容的摘录，并评议傅雷的教子之道。① 家书日期；② 表达傅雷观点的关键词和短句；③ 表现重要事件或细节的关键词。

（3）整理归纳：梳理归纳摘录的内容，进一步分类。

（4）提炼概括：提炼概括要点作为二级分支中心词。给出一、二、三级分支。

主题词（论点）二级观点中心词（分论点）三级关键词句（论据）。

附交流成果的评价标准

评价项目	评价指标	组内互评	教师评价
中央关键词	在中央位置；关键词准确		
一级分支关键词	是否写在线条上；关键词是否准确；是否与中央关键词有层级关系		
二级分支关键词	是否写在线条上；关键词是否准确；是否与上一支关键词有层级关系		
……	同上		
文字书写	字迹清晰；字体美观；卷面整齐		
整体	有顺序（顺时针或逆时针）；标数字或符号；布局合理		
创新点	关键词高级；运用图片或其他手段		
评分等级：A、B、C、D四级。每一项要求为5分，满足得分，不满足不得分			

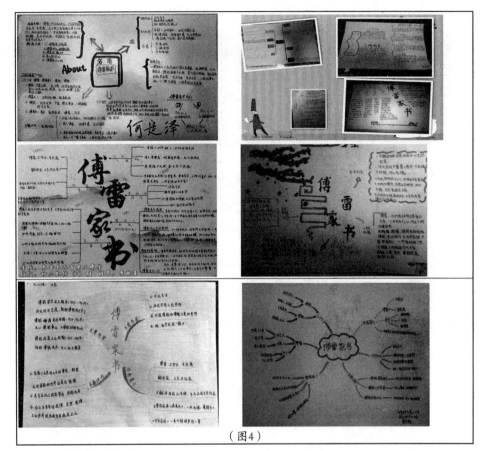

（图4）

3. 品评优秀朗读。

项目任务三：运用选择性阅读的方法，读懂傅雷教子之道，从生活细节、人际交往、读书求学、感情处理等方面确立专题，进行研究，并设计精美腰封；试写推荐词，在班级分享交流。

1. 阶段成果：设计制作腰封。

资源开发：

（1）腰封所载信息，可以是作者简介、名人推荐语、所获奖项、经典语录、思想感悟等；

（2）可以采用推荐体、引用体、数字体、对比体、悬念体等模式；

（3）对书籍内容做简洁精巧的提炼、设计展示，尽量做到主题明确；

（4）设计契合本书主题，具有和谐之美。

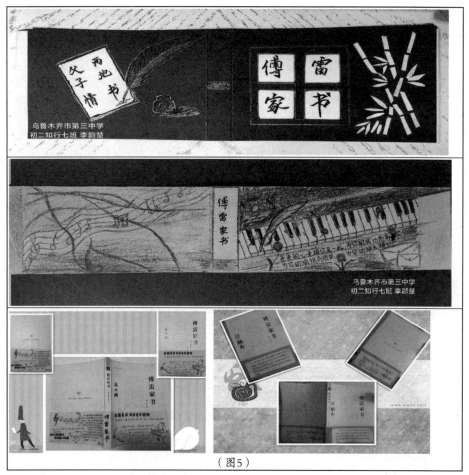

（图5）

2.阶段成果：试写推荐词。

推荐词重点在于"推荐"，目的在于让读者喜欢上或者想要读，就像是在给文章打广告。

资源开发：

（1）自主选择角度。可以从作品内容、主题思想、写作手法、人物形象、语言特点等方面写推荐词。

（2）可以介绍一个方面，也可以介绍几个方面，阐述时可以适当引用概括相关语句。

（3）总结推荐这本书的原因，写下自己的评论。

（图6）

项目任务四：品析书信，学写家书。品析书信体写法和表达效果，给父母写一封家书或者请父母给孩子写一封回信，分享交流，修改提升。

1.阶段成果：学生写作家书。

资源开发：

（1）家书写作情境支架。

利用前期项目探究成果，进行感恩教育：给父母写一封回信，交流自己的真实想法。可以使用的构思方法：回忆法、联想法、想象法。回忆和父母间印象深刻的事情，联想父母为自己做的点滴小事，想象一下未来的自己如何尽孝心……请以书信的形式告诉你最想倾诉的家人。

（2）书信评价标准。

① 有针对性。有问题意识、读者意识，注意语气、内容、情味。

② 思路清晰，内容充实，感情真挚，立意深刻。

③ 使用书面语体。

【研究结论】

1.问题驱动，活动激趣。

多元化活动创设，有益于激发学生的阅读兴趣。活动任务单明确名著阅读的目的，极大地助推了整本书阅读；课下研读并实施活动，帮助学生顺利完成名著阅读目标。

2.提供支架，以学定教。

教师在学生项目化学习活动中提供学习支架，以问题为导向，以学生为主体，以小组合作学习为方式，鼓励学习者置身于具体情境中，运用多学科知识来分析和解决问题，培养学生自主学习、合作学习的能力，在学习过程中锻炼思维、积累方法，学会读"书信类文本"之后，还要能学以致用，阅读更多的经典作品。

后 记

2014年7月，在马鹏业校长的带领下，我和我的团队进行了"陆海空"多维语文课程研究。其中的"海"就是整本书阅读，从这个角度看，至今我们的整本书阅读已经走过了八年。

这八年的实践研究是艰辛的，团队教师利用八个寒暑假与无数个双休日编写校本课程；这八年的实践研究是曲折的，在实践中进行了无数次的交流碰撞，推翻重建；这八年的实践研究是充实的，我们得到了国内教育专家的指导与帮助；这八年的实践研究又是满载而归的，七本校本教材，八本读书成果集，出版著作三本，发表十余篇核心期刊论文……

如今，《清如许——名著深度阅读的研究与实践》一书即将付梓，书里面收录了工作室成员名著阅读教学研究、学生阅读成果，以及来自新疆生产建设兵团十二师多所学校的实践研究报告……它不仅凝结了团队教师八年的心血，也是我们八年耕耘收获的或干瘪或丰盈的果实。它既是对八年研究的一个总结，也是下一阶段深入研究的起点。当然更希望它能为改善当前名著阅读生态环境提供参考。

本书实践研究学段为六至九年级，所收入的学生作品，可能还有许多不成熟的地方，请各位读者见谅。另外，受研究者理论水平以及学术视野所限，本书难免会有不足之处，敬请读者批评指正。

最后感谢我们的学生，感谢他们和团队教师在书海里共成长；感谢周潇、赵翠兰、法洪雪等老师不遗余力地指导和帮助；感谢团队中雷丽丽、胡晶、史欣等老师的通力合作与无私付出；感谢马鹏业校长对实践研究始终如一的信任与支持。

钟宪涛

2022年12月16日